正信偈講義

安田理深

第一巻

法藏館

序　文

親鸞仏教センター所長　本多弘之

「正信偈」とは、周知のように親鸞聖人の制作された信心の偈（歌）である。正式の名は「正信念仏偈」という。この「正信偈」の講義をされた安田理深先生は、「思想というものが、本当に精練されるときに、歌になるのだ。散文の間はまだ思想が成熟したとは言えないのだ」と言われて、親鸞聖人ではこの「正信偈」を、世親菩薩では『浄土論』と『唯識三十頌』を、宗教的精神が集約されたものとし、この三つの偈文を特に大切にされて、繰り返してあちらこちらでの講義のテキストにされていた。

この「正信偈」は、親鸞聖人の畢生の主著『教行信証』六巻のなかに組み込まれている。大著の一部に静かに沈み込んでいるかのように、第二巻の「行巻」の結びに置かれているのである。しかし、それ自身を取り出して、浄土真宗の讃歌として、真宗門徒の朝夕の勤行に使われるようになったのは、本願寺第八世の蓮如上人の指示であった。それによって単独で拝誦されるように取り出されてみれば、この偈は、単に『教行信証』の内容の一部をうたったというものではなく、親鸞聖人の信念と思想のすべてが、完璧に六十行百二十句の漢文の歌に集約されているとさえいえるものなのである。

この偈は、前半には三経を依り処とした本願の因果をうたい上げ、後半は親鸞聖人が選び出された、七人の念仏を褒めている祖師方（七祖）についての讃歌からなっている。したがって前半は「依経段」と言われ、後半は「依釈段」と言われている。親鸞聖人の言われる「念仏」には、「正信」が包まれているというよりも、信心の内容が念仏であり「行」なのだ、と安田理深先生は本講義のなかで言われている。三経による本願念仏の救済構造と、それを受け継いだ祖師方の信念が、「名号」の意味としてこの偈のなかに包摂されているということなのである。

この「正信偈」を講義される安田理深先生の仏教の学びの背景は、洋の東西を問わず、人間存在の真実を明らかにしようとしてきた先達の思想や言葉であり、それを自己自身の思想・信念の骨肉といえるところまで吸収し栄養として、自己の日頃の思想生活で錬成し深く確認した言葉をもって語り出されている。そのなかでも、大乗仏教を基礎づけてきた唯識思想の厳密な探究によられるところが大きい。『成唯識論』の根底をなす護法論師の八識体別の思想を、唯識思想の根幹として受けとめ、その意味を「作用が実在である」と押さえられた。法相の教学を、現代的・存在論的思索として受けとめ直して、使用される用語を実体的概念的にのみ捉えることなく、生き生きとした実存的人間の本質として思想的に解明しようとしているのである。そういうところに、非常に大事な現代における「安田教学」の発信の意味があるのではないかと考えられる。唯識思想というと、意識の分析や認識構造の解明であると了解されがちなのであるが、護法論師の思想は、意識の三重構造（阿頼耶・末那・六識）

を明らかにし、人間存在の実相、存在の事実とそれを成り立たせている諸法の関係性の事実を明らかにして、迷妄の事実とそれを翻すことができる存在の可能根拠を明示したということに特徴があるのであろう。

この唯識思想による存在の迷妄性の深い自覚と、その精神の闇の深みを破って、愚かな凡夫に明るみをもたらす浄土真宗の親鸞教学の学びとが、おそらく求道者安田理深師の精神の根底でぶつかりあい、長い時間の悪戦苦闘の求道的思索をくぐりぬけて、ここに表白されてきているのだと拝察される。

こういうことであるから、安田理深先生にとっては、学派の違いとか宗派による解釈の正当性とかはまったく問題にならなかった。真宗大谷派の親鸞教学の流れが、清沢満之・曽我量深・金子大栄という先生方によって伝承されていて、深い因縁によって安田理深師がそれに値遇した。求道心が伝えてきた仏教の真理に、ゆくりなくも出遇って、そこから吸収しえた学びの刺激や思考方法が、安田理深師の栄養になっていることは言うまでもない。しかし、さらにそれを自己の求道心における実存的な疑問からの問題意識や、哲学的思想的な格闘（師はこれを思想戦と呼んでいた）によって、独自の現代の仏教の表現にされているのであろうと思う。

安田先生の「正信偈」をテキストにした講義が生涯に何度なされたか、愚生は詳しくは知らない。相応学舎の名で学仏道の私塾を、京都において五十年近く相続され、繰り返して『唯識三十頌』や『教行信証』を講義されたことであり、地方に出向いて相応学舎に縁のあった聞法者の居られる会座でも、テキストを決めて講義を持続されたのであるから、きっと十指にあまるほどの「正信偈」の講義があった可能性があるのである。
そのなかで、この講義は、一九六〇年（昭和三十五）を挟んで数年間、毎月一度講義されていたものを、仲野良俊師が丁寧にノートに整理されて保持されていたものである。安田理深先生は、一九〇〇年（明治三十三）のお生まれであり、したがってこの講義は先生の還暦前後の充実した思索が展開されている貴重な記録なのである。本来は『安田理深選集』（文栄堂書店）のなかに収められるべきであったのだが、選集の量的制約から外されており、今まで出版されることがなかった。三十三回忌の記念というには遅すぎて、安田先生にはまったく申し訳ないのであるが、このたび若い編集者達がこの機を学仏道の縁として、それを学びつつパソコンに打ち込み、整文・校正などの編集作業に励んでくださったということで、先師の志願が相続され、また出版の具体化もできたということをご報告して、出版遅延のお許しをいただこうと思うことである。

二〇一三年　師走

正信偈講義 第一巻

＊

目次

3、本願名号正定業　109

第五章　結　誡

凡例

一、本書の表記は、新漢字で統一した。

一、出典や経典については、左記のように略記、または本文中に略記の旨を示した。

『真宗聖典』（東本願寺出版部）→聖典

『真宗聖教全書』（大八木興文堂）→真聖全

『無量清浄平等覚経』→『平等覚経』

『阿毘達磨倶舎論』→『倶舎論』

『仏説諸仏阿弥陀三耶三仏薩楼仏檀過度人道経』→『大阿弥陀経』

『勧一切衆生願生西方極楽世界阿弥陀仏国六時礼讃偈』→『往生礼讃』

一、漢文とその書き下し文を同時に引用する場合は、漢文を主にし、書き下し文を（　）に入れて併記した。

正信偈講義

第一巻

第一章　序　説

1、「正信偈」と「願生偈」

礼讃としての「正信偈」

「正信偈」は、真宗の教団においては朝夕の勤行に用いられているが、本来勤行に用いられるような思し召《おぼめ》しが、御制作そのものにあったのではないかと思う。「正信偈」は、単に読むだけでなく偈文という形によられたのは、リズムに従って歌う形で読むという思し召しがあったのではないか。親鸞聖人は、「正信偈」に次いで「三帖和讃」を御制作になっているが、特に経の読誦でなしに、「正信偈」ならびに和讃は、道場の勤行（寺院の勤行と区別して）を代表するものではないかと思う。

「正信偈」は、念仏に添えて歌うという意義が、御制作の本来の動機の中にあるのではないだろうか。やはり、これは歌であるから感動があらわされているので、「心《しん》を弘誓《ぐぜい》の仏地《ぶつじ》に樹《た》て、念を難思《なんじ》の法海に流す」（『教行信証』聖典四〇〇頁）と、親鸞聖人は言われる。本願の念仏の歴史の中に生まれたその感動が、歌の形をとる。しかし、それは芸術家が詩を作るという個人的動機でなく、真宗の僧伽を背景として生まれてきたものである。そうすると、「正信偈」は特に礼讃という意義をもったものであると思う。

礼讃には礼讃の伝統があり、すでに『往生礼讃』『讃阿弥陀仏偈』『十二礼』というような歴史がある。「正信偈」もまた、礼讃として真宗の教団においては親しみのある聖典であるが、これを『教行信証』の上に求めると「行巻」におさめられている。親鸞聖人が『教行信証』を、教・行・信・証という順序で作られたかどうかはわからない。また「正信偈」も独立に制作されて、それをたまたま『教行信証』を御制作になったときに、その中におさめられたとも言える。礼讃のために作られたとしても、『教行信証』におさめられるという意義を「正信偈」はもつ。

三経一論の事業

親鸞聖人は、天親菩薩が『無量寿経優婆提舎願生偈』（以降、『浄土論』と略）を制作された精神によられ、『浄土論』を一つの範として「正信偈」を制作された。『浄土論』は論であるが、「願生偈」という歌でもある。論の体は偈文である。得生の情を述べられた偈文を、特に得生偈と言わずに「願生偈」と言うのはなぜか。天親菩薩は、本願成就のところに一心を開き、一心のところに得生せられた。単なる歌ではない。本願にたすけられた歌である。歌であるが、それによって本願の意義、問題を明らかにするところに優婆提舎《うばだいしゃ》と言われる。願生の意義を明らかにする優婆提舎であると言うのである。「願生偈」については『浄土論』と言い、『往生論』と言い、二つの名が出てきた。それは、『浄土論』の歴史が『浄土論』を決定したことをあらわす。『浄土論』の歴史は『無量寿経優婆提舎願生偈註』（以降、『論註』と略）から始まる。曇鸞大師が、龍樹菩薩の指南によって『浄土論』を初めて解釈された。そのことによって、三経一論の事業がなされた。

三経の歴史は龍樹菩薩で成り立ち、その三経の歴史の上に一論を置いた。それが曇鸞大師である。もちろん『浄土論』自身が「無量寿経優婆提舎」と言っているように、『仏説無量寿経』（以降、『大経』と略）によって制作されたものには違いない。しかし、天親菩薩の立場は瑜伽《ゆが》教学の立場である。対象は無量寿経、方法は瑜伽教学である。『浄土論』は無量寿経史観であるが、瑜伽の論と言ってもよい。『浄土論』は、経の意義を照らすために制作されたが、逆に三経が『浄土論』の意義を照らすものであると、曇鸞大師が明らかにされた。『大経』から生まれて『大経』を成就する。三経に対する唯一の論である。龍樹菩薩によって見出された三経の歴史の上に、曇鸞大師が『浄土論』を置かれた。そのことによって『浄土論』が浄土教の聖典となった。そういうところから、『浄土論』という名ができたのである。

偶然かも知れないが、『浄土論』と言われ、また『往生論』とも言われる。親鸞聖人は『入出二門偈』で、題目と著者について述べた後、「優婆《うば》提舎願生《だいしゃがんしょう》の偈《げ》、宗師これを『浄土論《じょうどろん》』と名づく。この論をまた『往生論《おうじょうろん》』と曰《い》えり」（聖典四六〇頁）と続けられる。このように『浄土論』と言い、また『往生論』と名づけると述べておられる。この二つの名は、偶然かも知れないが意義が深い。

法然上人は三経を区別されない。三経を一貫しているのは選択本願である。阿弥陀仏について語られた大乗経典は多くあるが、特に浄土三部経と言われる場合は、選択本願を宗とするのである。法然上人は、選択本願が真実であるから三部経が平等であるとされる。しかし、選択本願を説くことは、『大経』の宗とするところである。三経と言っても帰するところは『大経』である。『仏説観無量寿経』（以降、『観経』と略）や『仏説阿弥陀経』（以降、『小経』と略）は、枝末法輪である。独自性のある『法華経』『涅槃経』などというような経典は一法界を開くものであるが、それに対し『観経』や『小経』は、独自の立場を開くわけにはいかない。どの経典でも三昧を背景にするが、『大経』では仏々相念三昧がある。『観経』や『小経』にはない。だから三経一論と言うが、一経一論である。

「浄土論」と「往生論」

『仏説無量寿経』を『大無量寿経』と、大なる無量寿経と言われるのは、量が多いということではなく、双巻経という意味である。それが大切な意義をもつ。『観経』は一巻である。善導大師は、玄義分に経の題目を解釈されたが、そこに一巻ということまで解釈してあるのは、『大経』の双巻に注意されるからである。『観経』は一経両会、王宮会と耆闍会と二会であるが、内容は一つである。それで一巻である。『小経』は一経一会、『大経』は一会であるが両巻であるが、そういう『大経』を背景として、『観経』が一巻であると注意された。『大経』には、上巻だけでなく下巻がある。上巻の付録として下巻があるのではなく、上巻と下巻が両々相対峙している。

親鸞聖人は、『大経』の宗については『浄土論』を、経文については憬興師の解釈を用いられる。それは、双巻経の双巻経たる所以《ゆえん》を的確につかんでおられるからであろう。上巻は如来浄土の因果、下巻は衆生往生の因果である。上巻は如来の仕事、下巻は衆生の問題である。如来の問題は本願である。浄土荘厳という問題を明らかにするために、四十八願が説かれている。仏法を成就するために、浄土によって仏法を立てる。直接に成仏を考えるのは聖道である。自分の能力、人間の理性の能力によって人間を解決できるという確信があるから、直接に成仏を考えるのである。

そうではなく、浄土によって仏法を成就する。内には浄土を荘厳し、外には名号を回向する。これが仏法を代表する。浄土と名号が、『大経』の仏法である。下巻は名号を通して浄土を見出す。衆生の自覚を明らかにする。そういう、自覚の道程を明らかにした。そこに、衆生が仏の世界に見出される。それが、たすけられるということである。たすけられるのは衆生の問題、たすけるのは仏の問題である。

仏法は、仏に成る法である。仏に成る法を、浄土と念仏として見出した。それを、法蔵菩薩が一番先に証明した。十劫正覚は証明済み、仏の仕事は終わったということである。いかなる者にも無上仏道を成就する道は見出されたということである。残されたのは我われの問題なのである。その法をもととして、我らの自覚を明らかにする。我われが仏に成る自覚をその法に見出す。それで下巻の方は、衆生往生である。

教・行・信・証は、衆生往生の道である。『教行信証』自身がすでに顕浄土真実と掲げていて、顕浄土は上巻を受けている。教・行・信・証は下巻である。それから考えると、「願生偈」に「浄土論」と「往生論」の名が付いたのは、それぞれ如来浄土と衆生往生を受けているからである。この事実は、「願生偈」が双巻経である『大経』の論であることを語っている。名が二つあることは、偶然ではない。「願生偈」の使命は、双巻経から生まれて双巻経の事業を完成することである。

だから、第二行に「我依修多羅　真実功徳相　説願偈総持　与仏教相応」（『浄土論』聖典一三五頁）とある。「依修多羅」は、背景である仏経に依る。「与仏教相応」は、それに依って仏教と相応するということである。仏経から生まれて、三経の歴史から生まれて、『大経』の歴史を完成する。それが論である。そういう意義を二つの名があらわす。

立教開宗は歴史観の確立

こういうわけで、第二行は発起序と言われ、これが優婆提舎の意義を語る。仏経から生まれて仏教を完成する。だから、仏弟子の作ったものであるが、優婆提舎と言うのである。仏の経は十二部経と言うが、優婆提舎はその中の一つである。ところが、仏弟子である天親菩薩が、自分の作ったものを自ら優婆提舎と言われた。これは確信を語る。伝統という立つべきところに立った。仏経に立った。立つというところに優婆提舎という確信が与えられる。

我われの理性や反省や体験からは、そんな確信は出ない。仏法は、仏法に立って明らかにする。仏法に救われない人がこれから探究するのは、世間の学問である。本来、救われた人が救われたことを明らかにする。自己の根元を明らかにすることと、仏教を明らかにすることは同義語である。優婆提舎は、その確信を語る。

親鸞聖人の『教行信証』に立つと、正しく「願生偈」こそ「正信偈」の背景である。「正信偈」はただ勤行のためという意味ではなく、『教行信証』の中に加えられるという意義をもつ。リズム的であり歌われるべきものとして詠む。それが韻文の性質であるが、「願生偈」が単なる偈ではなく、論であると言われるように、『教行信証』の中に加えられるべきものである。しかし、どこへ入れてもよいというものではなく、「行巻」の終わりに入れなければならないのである。やはり「正信偈」の思想は「行巻」において考えなければならない。

「正信念仏偈」は、「心を弘誓の仏地に樹て」（『教行信証』聖典四〇〇頁）が「正信」、「念を難思《なんじ》の法海に流す」（同頁）が「念仏」である。こういうことを語る。「正信偈」は、『論註』にかえると得生者の情を述べたものである。それは『教行信証』におさめてくる意義があるが、特に「行巻」の終わりにおさめるのはなぜか。それは、なるほど念仏の信心の自覚に伴う情を表明されたものであるが、個人の感情ではないからであって、そこに三経七祖、『大経』の歴史が「正信偈」の内容になっているからである。

念仏がただ念仏としてあるのではなく、念仏が歴史の現実になっている。それを証明する独自の証文が、三経七祖である。この事実を見よ、という精神を語っているのが文類である。だから、念仏が単に念仏としてあるのではなく、歴史として僧伽としてある。それが三経ならびにその伝統、この

『大経』の歴史を語っている。そこに一貫しているものがある。

原理は本願、事実は念仏である。本願の念仏の歴史の中に、親鸞聖人は自分自身を見出された。本願の歴史の中に召され、本願の歴史をもって自分を立て、歴史において自分を表明した。歴史のない自分ではない。歴史において、究極の現実として「愚《ぐ》禿《とく》勧《すすむ》るところ、更《さら》にわたくしなし」（『本願寺聖人伝絵』聖典七三五頁）と言える。「わたくしなし」という救いであって、「わたくし」の救いではない。それが念仏の救いである。「わたくし」がないという点から見ると、謙譲の極致であり歴史的であるが、それが自分である。これは確信である。謙譲と確信が一つになっているのが歴史である。一点の加えるものもないが、親鸞聖人の信心は三経七祖をもって脚注としている。親鸞聖人の信心を述べるのに、三経七祖の歴史、本願の歴史をもって述べてある。「正信偈」はそういう意義を語っている。『教行信証』は立教開宗の聖典と言われており、立教開宗の根本を語っている。やはり、「正信偈」によって『大経』の歴史として七高僧の伝統が見出されているのである。本願の歴史がすべて明瞭になったことと立教開宗は一つである。

本願の歴史を見出し、本願の歴史の中に自分を見出し、本願の歴史において自分を語っている。念仏こそ仏教という歴史を成り立たせており、仏教の事実は念仏以外にない。念仏のあるところに仏法がある。歴史において我われの問題に応えているのが、本願の念仏である。こういうことの他に立教開宗はない。

「正信偈」が『教行信証』におさめられているのは、そういう意義がある。立教開宗は、自分の歴史観の確立である。念仏が歴史の現実になっている。そういう歴史観が、正信である。それを表明したのが「正信偈」であり、ただ個人的な救いを述べたものではない。

回向が真宗

親鸞聖人は、『教行信証』の後に『略文類』を制作されている。題号を「浄土文類聚鈔」と示して「特《こと》に知りぬ、仏恩窮《ぶっとんぐ》尽《じん》し叵《がた》ければ、明らかに浄土《じょうど》の文類聚《もんるいじゅ》を用いるなり」（聖典四〇二頁）と、序文を結んでいる。「文類聚」は、題と同じ言葉である。浄土の文類聚を用いて、浄土真宗の教・行・信・証を述べる。すると、浄土文類聚というのは何かということになる。三経七祖と言うが、それなら浄土の文であって漠然としているが、これは明らかに『教行信証』のことである（漢文の大家の高田派に属する武内義雄氏の説では、明用というのは何かできあがっているそのものを用いる場合に使う言葉であると言われる）。

正しく『教行信証』を指す。広本でも略本でも浄土文類聚である。くわしく言えば顕浄土真実教行証文類、略して言えば浄土文類聚である。『略文類』に「正信偈」が出ている。しかし、広本と略本では「正信偈」の加えられ方が違う。

穢土におりながら浄土の自覚を明らかにする。その道を真宗では回向と言う。浄土において、教・行・信・証を回向する。回向が真宗である。回向によって浄土真宗と言う。

ところが、『略文類』には回向の教・行・信・証を述べて、その次に偈文を置いてある。偈文とともに問答が付録のようにして付け加えてある。これは『教行信証』と比較すると面白い。広本では「正信偈」は「行巻」にあり、問答は「信巻」にあるが、その意義が隠れてわからない。それを『略文類』では取り出してある。

これから考えると、「正信偈」は問答に対しての偈文であることをあらわす。偈文と問答は、広本の場合には行信二巻にあるが、略本では特に出して示してある。これから考えると、「正信偈」はこういう意義をもつ。問答と偈頌は、立教開宗を代表する二つのものである。そして、それが『教行信証』のエッセンスであり、精要を尽くしたものであると言える。

偈は歴史をあらわす。歴史が救いである。歴史を見出し、それから救われるのではない。歴史を見出したこと、歴史をもったことが救いである。救われるのは、個人に用がなくなることである。歴史と言うが、内容は社会である。本願の歴史的社会を三宝と言う。

偈文と問答

問答は、自覚を明らかにする。歴史的救済を掘り下げる。歴史の方は、浄土真宗を事実として成就する。問答は基礎づけ、原理的に基礎づける。原理である。それによって事実を証明する。偈頌と問答が立教開宗の事業を代表すると言ってよい。

偈文は、『浄土論』が典型をなしている。『浄土論』は「願生偈」と言い、その偈を優婆提舎と言う。これに基づいている。優婆提舎があらわすことは、問答である。優婆提舎とは論議経という意味であるが、それは一般の論議と誤解され、理論闘争と誤解されるから原音を残している。

十二部経とは聖典の文学様式をあらわすものであるが、この論議経は、十二部経であり問答体である。問答は、論議の方法であり、プラトンの対話篇と同じである。親鸞聖人が「信巻」で問答をおこされることは、正しく優婆提舎の意義をあらわす。優婆提舎願生偈というところに、偈文と問答があらわされている。「願生偈」と言うが、偈こそ優婆提舎である。天親菩薩が自ら解釈されたから優婆提舎であるというのではない。韻文の方は総説分と言ってある。散文（長行）の方は（偈は中国語で頌、日本語では歌）解義分と言う。二つからできている。しかし、解義は外から加えたのではなく、偈の中にある意義を総説から開いて明らかにした。

総説分の総は総体であり、解義分の義は別義という意味である。総別の関係である。総別は解釈の範疇、ベシュライベン（beschreiben）の範疇である。範疇は述語として使う。たとえば、五蘊は存在の範疇と言う。全体を説く、これが総、この方法が歌である。分析して述べるのではない。感動するところに全体がある。四十八願と言うが、願が四十八あるわけではない。一貫して選択本願である。内容が四十八なのである。本願に呼び起こされた共鳴、本願が我われを共鳴せしめずにはおかない。共鳴すれば、そこに本願の全体がある。これは必然的に歌の形をとる。直接表現、一心さながらに本願である。

解義はそれを反省し、分析する。分析は抽象化するのではなく、全体の感動の中に反省がある。全体の直観を殺すのではなく、直観が反省する。反省するところに直観が輝く。分析は、抽象化するのではなく具体的にする。だから歌こそ、本当の優婆提舎である。

問答と偈文は半分半分が一つになるのではなく、偈文が全体、「正信偈」が全体である。「正信偈」を述べたところで「正信偈」は終わったのである。教行二巻で終わった。何物も付け加える必要がないという表明が、「正信偈」である。念仏がすべてであるというのが、正信である。だから、偈文が全体、問答は別義である。『教行信証』は三経一論の事業を継承して、それを完成する意義をもつ。だから、『教行信証』は無量寿経優婆提舎である。

信仰批判を通して法蔵の本願の意義を見出す

法然上人は、三経を三経一論としてそのまま平等に見られているが、親鸞聖人は、道綽禅師以下の差別を通して平等を明らかにされた。三経一致が三経差別を通して再び三経一致を自覚的に明らかにし、唯一『大経』にかえった。そういう形で、特に『大経』が『観経』『小経』と区別されてきた。『教行信証』は、大無量寿経優婆提舎である。天親菩薩の『浄土論』の事業を完成した。その仕事に着手されたのは曇鸞大師、名を立てられたのは法然上人である。しかし、三経一論の意義を明らかにしたのは『教行信証』である。

『大経』の中に本願の三心（至心・信楽・欲生）がある。『観経』には『観経』の三心があり、『小経』には一心、『浄土論』にも一心がある。このように、三経一論を通して三心一心ということが出ている。四十八願あるが、第十八、十九、二十の願が独特の意義をもつことを語る。これを明瞭にしたのが『教行信証』である。それによって親鸞聖人は真宗独自の教学を明らかにされた。三々の法門と言われるのは、それである。三願転入ということである。

さらに言えば、第二十願の意義を見出したことである。親鸞聖人以前には第二十願の意義が明らかにならなかったから、第十八願の意義も明らかにならなかった。本願に付加してあるくらいに思われていた。親鸞聖人は、三度十方衆生を呼び出して語られてある原始の精神に触れられたのである。そこに親鸞聖人御自身の深い信仰批判を通して、法蔵の本願の意義を見出し得た。自分の問題を明らかにすることは、法蔵の本願を明らかにすることであった。法蔵の本願を明らかにするまで、自己の問題を明らかにされた。ここに喜びと確信のあったことが想像できる。

これらは、機の三願、機の問題である。法の中に機を明らかにした。機の自覚を掘り下げてある。それを三経一論の上に明らかにされる。問答は「信巻」だけではなく「化身土巻」にもある。「信巻」には、第十八願の三心と『浄土論』の一心の内容、「化身土巻」には、『大経』の三心と第十九願の三心を原理とする『観経』の三心の内容、『大経』と『観経』の三心と『小経』を原理とする一心の内容、それらの問答が繰り返されている。

「信巻」は問答について「別序」が設けてある。『教行信証』の初めには「総序」が置かれているが、「総序」の帰結が「正信偈」である。浄土真宗それ自体、親鸞聖人の安心の全体を示しているのが「正信偈」である。正しく「総序」を受けているのが「正信偈」であり、「別序」を開いてあるのが問答である。「信巻」に行かなければ信というものがない、ということではない。「行巻」に一般的な意味の信はある。「信巻」は、信を述べるために「別序」を置くのではない。信そのものは行である。行は安心の行体、安心の当体が行、「行巻」こそ安心そのものを語るのである。

「信巻」は、信を掘り下げる。そして信の原理を見出し、原理によって信を批判する。三心一心の真仮分判の基礎は、ここにある。別義の体、内容の行われる体は「正信偈」で語っている。そういう関係である。大事なことは「正信念仏偈」と書いてあっても、「行巻」と「信巻」の中間にあるのではなく、帰結としてあるということである。「行巻」は行を述べるが、行信として結んでいるのである。信心の体は「行巻」に述べられている。信、つまり安心の原理を見出して、それによって信心を批判し証明するのが「信巻」である。

自己の体験としての法蔵

このように、総体と差別の関係をもって、偈と問答が考えられる。偈文と問答が『教行信証』のエッセンスであり、『教行信証』の中で洗練され尽くしてあるのが、「正信偈」である。ことに依釈分は傑作である。依経分は「文類偈」で書き改められているが、依釈分はほとんど改められないほどに傑作である。「正信偈」がなかったら、我われは七祖を見出せない。

それに対して、問答は最も難解である。偈と問答、どちらも解釈を超えている。つまり、上と下に超えている。「正信偈」は磨かれたために手がかりがないし、問答は難解であるが、二つとも解釈を超えている。難解であるのは、問題が自ずからそうせしめるのである。

三心一心の問答で、初めて本願の歴史の内面が明らかにされるのである。難解というのは、傍観を許さない問題、つまり自分を抜きにしては読めないということである。法蔵菩薩を、我われの機の上に見出してきたのである。偈文の方が五劫思惟を語るなら、問答は兆載永劫を語る。欲生我国、「たすけんとおぼしめしたちける本願」（『歎異抄』聖典六四〇頁）の一念をもって一貫された歴史を語る。真に神話性を克服して、本願を機の上に見たのである。

本願を法として自分の外に、法の歴史として明らかにされたのは「正信偈」である。自分を超えた歴史、その歴史に召された自分を通して、機の上に本願の歴史を明らかにされたのが問答である。難解たらざるを得ない性質のものである。本当の信仰の悪戦苦闘がある。信心の悪戦苦闘の他に、法蔵菩薩の悪戦苦闘もない。その悪戦苦闘が本願の歴史の外にあるわけではない。歴史の歩むところに、そういう自覚が成り立つのである。

「正信偈」は、歴史の救済にあずかった者にして初めて詠むことができる偈である。永遠に救いのない歴史の上に自分を置かれたのが、法蔵の三心の歴史である。その本願に照らして我われの機の自覚が明らかにされている。いずれにしても、問答は『教行信証』の中の最も的確なものである。何かを解釈するという立場ではわからないものである。たとえば、善導大師の二河譬がそうである。あれは、法蔵を自己の体験にした記録である。自覚は、自己をまな板に載せなければならない。自己をまな板に載せて、善導大師は如来の三心の道程を明らかにされた。その意味で、この問答は難解なのである。

「正信偈」は釈迦以後、問答は釈迦以前を示している。「正信偈」は一貫しているということが大切であり、問答は回転《えてん》ということが大切である。自覚には道程がある。法は道程を超えて、一貫して流れている。

2、「正信偈」御制作の動機

讃歌の歴史

『略文類』では、いわゆる二回向四法から「正信偈」と問答を抜き出してあるが、『教行信証』では、「正信偈」は「行巻」の最後に置いてあり、問答は「信巻」と「化身土巻」にまたがっている。こういうことは『浄土論』によられたかと思うが、天親菩薩が「願生偈」を優婆提舎と言っておられる意義を明らかにするのが問答、つまり己証の問題である。ただ信を述べるというだけではない。そのために「別序」があるのではない。そこに、己証の問題が取り扱われている。問答を開くために、特に「別序」が置かれてある。

問答は「信巻」だけではない。「化身土巻」にもかかる。だから、「別序」も「化身土巻」までかかる意義をもつ。そこに、あの問答をおこさざるを得ない理由を述べて、「末代の道俗・近世《こんせ》の宗師、自性唯心《じしょうゆいしん》に沈《しず》みて浄土の真証を貶《へん》す、定散《じょうさん》の自心に迷《まど》いて金剛《こんごう》の真信に昏《くら》し」（『教行信証』聖典二一〇頁）と、このように言われる。「自性唯心」は果にかかり、「定散自心」は因にかかる。信証の問題である。ここに天親菩薩と善導大師を指南として、特に一心の安心を掘り下げてある。

三心は、一心の原理である。如来因位の願心にさかのぼって、信を証明している。信仰の自覚をどこまでも掘り下げて、真仮分判という信仰批判を行っている。いわゆる信それ自体というのは「行巻」である。信の当体を行と言う。一心の当体を示されてあるのは「正信偈」であり、安心をさらに掘り下げていくという問題は、「信巻」以後の問題である。しかも「正信偈」と問答をもって考えると、伝承は教行二巻で総じて終わっていて、問答は、別して開くという意義をもっている。

「正信偈」は「行巻」の最後に上全体を受けて帰結として置かれてあるが、その「正信偈」を呼び起こす直接の言葉として、「しかれば大聖《だいしょう》の真言《しんごん》に帰し、大祖《だいそ》の解釈《げしゃく》に閲《えっ》して、仏恩の深遠《じんのん》なるを信知して、正信念仏偈《しょうしんねんぶつげ》を作りて曰《い》わく」（『教行信証』聖典二〇三頁）という言葉が掲げられている。ここに「正信偈」の基づくところ、ならびに動機が示されている。「大聖の真言」と「大祖の解釈」、大聖の真言は『大経』、大祖の解釈は七祖の論釈、それを通して「仏恩の深遠なるを信知して、正信念仏偈を作」られたというのである。

親鸞聖人は仏恩の深遠を信知され、それに応えるために「正信偈」を作られた。讃歌には讃歌の歴史がある。『浄土論』に先立って龍樹菩薩に『十二礼』があり、「易行品」の中に阿弥陀仏の易行を直接述べられた一段に、阿弥陀仏の易行を讃える歌が置いてある。

「易行品」には、諸仏の称名をもって易行を明らかにしてある。決して阿弥陀一仏ということではないが、自ずから諸仏が阿弥陀仏に帰し、またそれから流れ出る。諸仏を否定して阿弥陀仏を立てるのではなく、諸仏をもって阿弥陀仏を立てる御精神である。「偈《げ》をもって称讃《しょうさん》せん」（『教行信証』聖典一六六頁）と言われた後、阿弥陀仏の易行に対する讃歌がある。親鸞聖人はそれを「行巻」に引いておられる。その結びの方に「十方現在仏　以種種因縁　嘆彼仏功徳」（「十方現在の仏、種種の因縁《いんねん》をもって、かの仏の功徳を嘆《たん》じたまう」同頁）とある。龍樹菩薩は阿弥陀仏を称讃すると言われるが、龍樹菩薩の易行道では、諸仏が重要であると考えられている。諸仏によって阿弥陀仏を立てる。諸仏の易行ということを述べてある。

諸仏の称名

そういうところから、法然上人は龍樹菩薩に伝統の中の位置を認められなかったのである。『選択集』において、『十住毘婆沙論』は傍らに往生浄土を明かす論として位置づけられている。「易行品」は『十住毘婆沙論』の中にあるが、『浄土論』に先立って、親鸞聖人は「易行品」に大きな地位を見出しておられる。それは曇鸞大師による。この深い意義は親鸞聖人の見出された第十七願の意義によって初めて明瞭になる。「十方世界　無量諸仏、不悉咨嗟　称我名者、不取正覚（十方世界の無量の諸仏、ことごとく咨《し》嗟《しゃ》して、我《わ》が名を称せずんば、正覚を取らじ）」（『大経』聖典一八頁）。「咨嗟」は讃嘆、「我が名を称」する。讃嘆に包んで称名を明らかにされた。この願は、諸仏称揚の願と言われている。

親鸞聖人は、『教行信証』で第十八願を成就するのに第十七願を見出してこられた。第十八願の成就は第十七願によって与えられる。第十七願をもって第十八願を成就する。こういうことを『教行信証』では初めて明瞭にされている。これは七高僧のいまだ触れられなかった問題である。

第十七願を明瞭にされたことは、『教行信証』では大切である。第十七願の眼をもって見ないと、諸仏称名は諸仏の名を我われが称するということで易行道一般になってしまい、称名と言っても必ずしも本願の行ではない。しかし第十七願の眼をもって見ると、諸仏の名を我われが称するのではなく、諸仏が本願の名を称する。諸仏の名を称するという形で出ているが、第十七願の眼を開けば、諸仏が名を称するという意義を、本願をもって『十住毘婆沙論』を照らして見出されたのである。

親鸞聖人が第十七願の重要な意義を見出されたのは、現実的根拠から言うと吉水教団の問題であり、教学の意味から言うと本願成就に立ってである。本願成就は、『大経』下巻の冒頭に第十一願成就文があり、第十七願成就文が続き、それから第十八願成就文、さらに飛んで第二十二願成就文が出ている。第十八願が別願中の別願ということは七祖で一貫しているが、第十八願の背景として第十一願、第十七願があり、後には第二十二願がある。第十一願と第十七願と第二十二願にはそういう意義がある。

第十一願の問題の解決のために第十八願が出ている

第十八願は、第十一願から出ている。第十一願、つまり「定聚《じょうじゅ》に住し必ず滅度《めつど》に至らずんば、正賞を取らじ」（『大経』聖典一七頁）という問題に初めて触れられたのが龍樹菩薩である。『十住毘婆沙論』の「易行品」に「もし人《ひと》、我を念じ名を称して自《おの》ずから帰すれば、すなわち必定《ひつじょう》に入《い》りて阿耨多《あのくた》羅《ら》三藐三菩提《さんみゃくさんぼだい》を得《う》」（『教行信証』聖典一六六頁）、一語にして言えば阿惟越致《あゆいおっち》の問題として出ている。第二十二願は曇鸞大師の着眼であるが、第十八願、念仏往生は、必至滅度という自覚のためであり、それは正定聚の機の上に成立する。

必至滅度の自覚の機は正定聚の機である。第十一願の問題の解決のために、第十八願が出ている。第十八願は第十一願から出ている。その間に第十七願があるが、その意義は龍樹菩薩、天親菩薩においても充分に明瞭ではない。親鸞聖人に来るまで第十七願の意義は明瞭にされていなかった。なぜ第十八願の成就に先立って第十七願の成就があるのか。それは、第十七願が第十八願と第十一願とを媒介するからである。第十七願の成就によって第十八願が成就する。第十八願の成就によって第十一願に応えるのである。

第十七願の体験

経としては本願成就の経があったが、論としては『十住毘婆沙論』があったと思う。第十七願を見出し、それを見出すことによって論の意義が明瞭になる。そういうところから、称讃の深い意義が明らかになった。それに続いては『浄土論』の中に五念門があるが、五念門の体を押さえる場合に第二讃嘆門によって押さえてある。『浄土論』だけ見てもわからないが、『浄土論』と『論註』は離せない。

曇鸞大師によって初めて、五念門の体を第二讃嘆門に押さえられた。『浄土論』だけ見ると止観である。

『浄土論』は、『論註』の讃嘆門の解釈によって、大行を明らかにしている論として押さえることができる。讃嘆門に包んで称名を述べている。五正行では、讃嘆と称名は別である。五念門において、大行を讃嘆門として明らかにした。『論註』によってそれが初めて明らかになった。そこに、讃嘆に包んで称名と言ってある。だからそういう眼から見ると、「易行品」の中に偈文があるが、その偈文の始まる前に「偈《げ》をもって称讃《しょうさん》せん」(『教行信証』聖典一六六頁)という言葉がある。偈文は漠然たる讃歌ではない。第十七願に照らすと、称讃ということが深い意義をもつことが明らかになる。

「易行品」の中の偈文には、「十方現在の仏、種種の因縁《いんねん》をもって、かの仏の功徳を嘆《たん》じたまう」(『教行信証』聖典一六六頁)とある。彼の本願の徳を讃嘆するとなっている。その阿弥陀仏の功徳は、称名である。そして、この「易行品」の偈文は最後に「我今亦如是　称讃無量徳　以是福因縁　願仏常念我」(「我いままたかくのごとし。無量の徳を称讃《しょうさん》す。この福の因縁《いんねん》をもって、願わくは仏、常に我を念じたまえ」同一六七頁)と結ばれている。我もまた讃歌によって、十方現在の諸仏のごとく、本願の無量の徳を称讃すると結んでいる。この精神が「正信偈」である。親鸞聖人も「我いまかくのごとく」讃嘆すると言われる。龍樹菩薩の『願往生礼讃偈』も、第十七願の体験である。だからそのように、親鸞聖人の「正信偈」も、第十七願の体験を語るものである。

「我亦」と、称名の歴史に加えられる

「我今亦（我いままた）」の「亦」という字が意味深い。我こそと言わずに我も亦というところに、個人を否定するものがある、本願の歴史がある。亦という字は、初めには龍樹菩薩、終わりには源信僧都が「我亦在彼摂取中（我《われ》また、かの摂取《せっしゅ》の中にあれども）」（「正信偈」聖典二〇七頁）と、お使いになっている。『歎異抄』にも「親鸞《しんらん》もこの不審《ふしん》ありつるに」（聖典六二九頁）という場合と「親鸞《しんらん》においては」（同六二七頁）という場合と二つある。亦という字は、歴史から生まれて歴史に加わるという意義をもつ。阿弥陀仏では願に止《とど》まるが、諸仏が称讃することによって、そこに阿弥陀仏の本願のまことが証明されているのである。諸仏に我が名をほめられんということが、どういう意義をもつのかは第十七願だけを見てもわからないが、その意義は第十七願成就文に照らして明らかになる。

第十七願は、第十一願と第十八願とを媒介している。第十七願は諸仏称揚の願、つまり諸仏の満足をあらわす願である。称讃というところに救われた事実を語る。そこに願が行になっている。阿弥陀仏の本願は阿弥陀仏の本願だけで成就するのではなくて、諸仏が満足するところに真にして実であることの証明がある。自分の本願が間違いないと自分でいくら言っても証明にならない。本願がまことであるかどうかは、人がうなずくかうなずかないかが決定するのである。歴史が証明したものが本当のものである。事実としてどう伝わって来ているかが大切なことである。本当のものは世界がうなずく。いつかは世界がうなずいてくる。

だから、阿弥陀仏の本願が阿弥陀一仏であるときには、念仏と言っても願である。「乃至十念」と

言うが、念という字が使ってあるところに第十八願の面目がある。念は憶念の位、第十七願は称名の位、行の位である。やはり、阿弥陀一仏では願に止まって行にならない。行ということが本当のリアル、願の満足をあらわす。願は、理論でなく実践をもって証明されている。こういうことを第十七願が語っているのである。諸仏があるから拙いのではなく、諸仏こそ大切である。第十七願の眼を開かないと、龍樹菩薩の「易行品」はわからない。親鸞聖人から見ると、称讃ということが大切なことである。

我われが救われるのは、救いの歴史によってである。救いの歴史を称讃と言う。だから、称名が称讃である。念仏が称名になっているときに称讃される。称讃は、救いの歴史を発見したことである。救いの歴史に我われが見出されて、また救いの歴史を作っていく。こういう意義を語る。

第十七願は諸仏称名の願である。第十七願成就文は、「十方恒沙《じっぽうごうじゃ》の諸仏如来《しょぶつにょらい》、みな共に無量寿仏《むりょうじゅぶつ》の威神功徳《いじんくどく》の不可思議なることを讃嘆《さんだん》したまう」（『大経』聖典四四頁）である。「我いままたかくのごとし。無量の徳を称讃《しょうさん》す」（『教行信証』聖典一六七頁）の「我も亦」というとき、諸仏に加えられたという意義がある。我こそというときは個人、我も亦というときに歴史である。称名の歴史に加えられる。そういうことを語っている。経典には第十七願がある。親鸞聖人は、七祖の初めに龍樹菩薩を置かれた。その龍樹菩薩に「易行品」の偈文があるが、それが「正信偈」のもとである。本願の徳を易行と言うが、その易行の内容は第十八願成就、現生不退、これが易行の唯一の利益である。

歴史と超歴史

「正信偈」に先立って「大聖《だいしょう》の真言《しんごん》に帰し、大祖《だいそ》の解釈《げしゃく》に閲《えつ》して、仏恩の深遠《じんのん》なるを信知して、正《しょう》信念仏偈《しんねんぶつげ》を作りて曰《い》わく」（『教行信証』聖典二〇三頁）とある。「正信偈」を作るのは、仏恩に応えるために我も亦、という意義がある。ここに「正信偈」の背景、所依がある。これが本願の歴史を語る。本願の歴史に生まれたということを語るものが、「正信偈」である。

「大聖の真言」と「大祖の解釈」は、『大経』とその解釈である。「正信偈」には「応信如来如実言（如来如実《にょじつ》の言《みこと》を信ずべし）」（聖典二〇四頁）という言葉があるが、この「如来如実の言」は一如真実の言ということ、正しく『大経』をあらわす。『大経』が全体と言ってもよいが（如是我聞から全部と言うと広すぎるが）、なぜ『大経』に帰するかと言うと『大経』の中に真言があるからである。

一如真実は、大般涅槃の徳をあらわす。我われは、煩悩によって業を作り、業によって自分の存在を苦しんでいる。つまり、生死にある凡夫には業がある。聖者は求道するが、凡夫は求道しないと言う。しかし、凡夫は生きていることに悩みがあるのである。イデオロギーや文化ではごまかされない。いい加減にあきらめられないのが凡夫なのである。凡夫だから求道するのである。不幸だから悩みがあるのではなく、生きていることに悩みがある。

その凡夫が本来の自分にかえる。凡夫をして成仏せしめる。そのはたらきを一如真実と言い、それが一乗なのである。凡夫が凡夫を捨てず忘れず、どこまでも凡夫を機として、そこに一如真実の自覚をいかに開くのか、いかにして凡夫が無上仏に成るのか。一如真実は無上仏であり、それを象徴しているのが真実報土である。凡夫が凡夫のままで一如真実の自覚を与えられる。大般涅槃の救い、これは絶対現実の救いである。業に悩んでいる者が、一点一画も絶対現実を改変する必要のない救いを見出す。どうにもならない凡夫に、どうする必要もない自覚をいかにして与えるか、これが一乗の仏教を一貫する問題で、それが即という字であらわされる。

しかし、それを求めているのはわかるが、いかにという方法がわからない。そこに出てきたものが選択本願である。選択本願によって初めて、即が現実になった。選択本願を離れれば即は理念であり、そう思っているだけである。即と思うのと、即になるのとは違う。一如も真実も、思わないのにそうなっている。かなっている。不思議というより仕方がない。『大経』がなぜ真言かと言うと、即を答えているからであり、それが本願成就の経文である。ここに大乗仏教の課題を解決しているのである。『観経』では、便ということはあるが即はない。即得往生の即は『大経』だけの話ではなく、大乗仏教全体を代表する。即を得るがゆえに出世本懐と言う。凡夫が真に凡夫を満足するがゆえに真言であり、即を成就している経を真言と言うのである。真言を成就しているがゆえに、我われは『大経』に依る。

大祖の解釈は七祖であり、七祖は本願成就の伝承、歴史である。それ以外に真実の歴史はない。真言と解釈は『大経』の伝統をあらわす。解釈があるということが大切である。解釈が『大経』の真言の歴史を語っている。解釈がなければ歴史がない。解釈がないのは、その人だけのことだからである。親鸞聖人は、歴史的意義をもつ人が七人しかなかったと言われる。歴史的意義があるかないかが大切なことである。我われに関係があるのが、歴史的意義である。

『大経』に解釈があるということが、その経典の歴史的意義を証明する。すべて本当のものには歴史がある。人間でも書物でもそうである。歴史がものを決定するということが、厳粛なことである。歴史があるがゆえに、我われは個人を掘り下げることができる。歴史もなしに自分の救いというのは、エゴイズムである。歴史あるがゆえに、初めて我われは自分を深く掘り下げることができる。救われた歴史があるがゆえに、どこまでも救われない者というところまで自分を掘り下げることができる。

「正信偈」は救われた歴史である。それあるがゆえに、問答をおこして掘り下げることができる。『大経』が真実の教であり、古典であるということを証明するのは歴史である。解釈を無限に生み出していくものが古典である。解釈が造られていくというのは、今生きているからである。そのことが「明如来本誓応機（如来の本誓《ほんぜい》、機《き》に応ぜることを明かす）」（「正信偈」聖典二〇五頁）を語るのである。

大聖の真言がいつでも新しい。無限に新しいものが古典である。大聖の真言（古い）、大祖の解釈（新しい）、ここに両極がある。真言はいつでも今の我われにとって真言である。時代ということ、時機ということ、いつでも現実に結びつくというところに真言は新しい。本願の念仏がいつでも時機を媒介としている。時機というものによって展開していく。

しかし、そのために真言は増えたかと言うともとのままであり、解釈を包んで真言である。本願の念仏には歴史があるが、その歴史を含めて念仏である。不増不減である。どこまでも一如である。

こういう両極のあるところに教学がある。教学は常に歴史的でなければならないとともに、いつでも歴史において歴史が超えられていなければならない。歴史が超歴史である。これが考えられないと本当の教学は成り立たない。一如なしに時機だけであれば流転であり、流行の教学、時代に流されたものである。特定の時代の思想で仏教を解釈することには注意を要する。時機だけになる。それでは、その思想が終わったときに仏教が終わる。進歩を名告《なの》る教学は流転である。

一如と言って時代を無視するのはオーソドックス、特定のときの一如を絶対とする。つまり反動である。一如は、無限に時機の形をとることにおいて一如である。時機において一如を明らかにする。このことが我われにとって大切な仕事である。

我われはどこまでも歴史を離れて場所はないので、歴史を超えることはできない。我われはいつでもその時代に属しており、そこに今の問題があり、今の悩みがある。しかし、それと同時に、歴史を超えたものに触れていなければ仏教学とは言えない。

知恩報徳は僧伽の実践

本願の歴史は『大経』の解釈史であり、そこに浄土真宗がある。それを背景として「正信偈」があるわけである。その歴史に触れた一つの自覚が知恩報徳であり、歴史を通して仏恩の深遠を知り、その仏恩の深遠に応えるために、個人が知恩の形をとったところに救いがある。主観的信仰にはまったくないのが知恩報徳、自己関心がまったく超えられたことが知恩報徳である。それが僧伽的人間であり、そうなったということに本当の救いがある。

知恩報徳は一般的意義があり、ただ「正信偈」だけではない。「総序」「別序」「後序」、みな知恩報徳という意義をもっている。知恩報徳は『教行信証』を一貫する動機である。知恩報徳のために「正信偈」を作るのは、我われが今日書物を作るという動機とは違う。実用的な意味でもなく、研究発表や知的満足が動機ではない。僧伽の実践である、行である。行を述べたのが「正信偈」ではない。「正信偈」そのものが行である。個人的動機からではない。僧伽の実践である。

知恩報徳は、菩提心を具体化したものであり、我われを生かしているところの原理である。菩提心が、あらゆる職業を超えた生活を支えている。いかなる職業をもつ者にも、職業を超えた生活を与える。職業だけでは生活は尽きない。救われたのは、生活が与えられたことである。

楽になるのではない。喜んで苦しんでいこうとする。菩提心とは信仰が倫理をもったもの、信仰が自己の中に倫理性を見出したものである。信仰が信仰に終わらずに、責任を自覚したのが菩提心である。たすけられただけではすまないので、たすけられたことがさらにたすける仕事を見つける。人間が、答える人間、つまり応答的人間になった。人間が、終わりとしてあるのではなく、仏教に救われたことを通して仏教を救っていく。救っていくのは倫理であり、こういうところに菩提心がある。信仰それ自身が責任を自覚する。荷物を投げ出したのが救いではなく、本当の荷物を見出したのが救いであり、それが菩提心である。

3、偈頌と問答

一心に五念の行徳を具す

「正信偈」は、『略文類』ならびに『広文類』の上について見ると、『略文類』では、二回向四法が終わった後に付録のような形で、「正信偈」と問答が置いてある。それが『広文類』になると、それらを二回向四法の中におさめてあるが、「正信偈」は「行巻」の結びとして、問答は「信巻」におさめてある。

そういうところから考えても、「正信偈」は特に問答と相対してあることがわかる。「正信偈」は、問答と区別される。偈頌は、問答と区別されている。そういう点から「願生偈」は優婆提舎と言われているが、親鸞聖人は「正信偈」の範を「願生偈」に求められたのでないかと思う。「願生偈」に先立って「易行品」にも偈頌は出ており、また曇鸞大師にも『讃阿弥陀仏偈』がある。『浄土論』には解義分もあるが、これは「願生偈」の意義を解明したもので、論体は偈頌にある。

解義分は五念門であり、「願生偈」は一心の表白である。解釈された解義分には、五念門の行が出ている。それで曇鸞大師は解義分から振り返り、「願生偈」の意義を明らかにして、「願生偈」を五念門の偈として了解された。全体が正宗分である。「願生偈」として見るときは、序分と正説と結分とを分けるべきであるが、我という字を配ってあるところを見ると、そのようにはなっていない。序分の帰敬、発起にそれぞれ一つずつ、正宗分に二つ、結分に一つ、我という字が配ってある。「易行品」には一句一句、我という字が使ってある。『浄土論』では、我という字が配られているところが非常に洗練されている。これ以下では足りないし、これ以上は不要であるというところに、我という字を配ってある。

曇鸞大師が五念門の偈と押さえられるときには、全部が正宗分ということになる。偈文に配当して解釈すれば、「帰命尽十方　無碍光如来　願生安楽国」（『浄土論』聖典一三五頁）は、礼拝・讃嘆・作願の三門をあらわす。「帰命」は、礼拝である。これは安心をあらわす言葉であるが、帰命の意味として礼拝にあたる。「尽十方無碍光如来」は讃嘆にあたる。無碍ということがあるから、無碍光と言ったことがすでに讃嘆である。「願生安楽国」は、作願にあたる。正説分には、二か所に観という字がおいてあるから、観察門である。最後の一行の「普共諸衆生　往生安楽国」（同一三八頁）は、天親菩薩の回向門であるということになる。

言ってみれば、一心というところに自ずから五念の行徳を具するという意義を、曇鸞大師はあらわされたのである。一心の安心を得て、さらに五念門の行を起こすのではない。安心というのは一貫して立つところであり、一心帰命が初めにして終わりである。その他には何物もない。何物もないということが言えるのは、一心のところに行を具しているからである。一心帰命に仏道を満足している。信についでさらに行があるのではなく、信に行を具する。これを曇鸞大師はあらわされたのである。それを文章の上について言えば、五念門に配当できるということである。

しかし、その場合に一心帰命と言う、「世尊我一心」（『浄土論』聖典一三五頁）は五念門には入らない。「帰命」以下は五念門に入るから、五念門の偈と見ることができる。行が安心の内容である。願が満足して行となっている。そういう自覚が、一心帰命の信である。一心帰命の信が、救いである。そういうことが、信に行が具しているということである。

こういう『論註』の解釈を「行巻」に引いてあるところを見ると、一心は正信、五念は念仏である。最初の二行が「正信念仏」であるということをあらわすのが、曇鸞大師が五念門の偈と解釈される意義である。こういうように「願生偈」が「正信偈」の制作の範となっている。

天親菩薩が「願生偈」そのものを優婆提舎と言われるように、「願生偈」はただ讃嘆というだけではなく、優婆提舎という意義ももつ。そこに「願生偈」の独自の意義がある。優婆提舎というのは、十二部経、すなわち仏経における一つの名である。経典が文学の形式の上から十二に分けられる。優婆提舎はその中の一つの名前であるが、曇鸞大師が翻訳して論議経とも言われる。論議経とは、問答体、対話篇である。論議問答する。問題を見出し、それを解決する。そういう意義をもつ。

優婆提舎というのは、二重の意義、第一には偈文、第二には仏経の一つの名である。天親菩薩は自分の制作された「願生偈」を仏経の名で呼ばれる。そこに、ある確信が語られている。本来は偈文であるべき性質のものを論議と言うのであるから、偈であり優婆提舎であることは矛盾しているが、この二重の意義で異常である。

こういうことから考えると、「信巻」の内容が優婆提舎をあらわす。親鸞聖人は「しばらく疑問を至《いた》してついに明証《みょうしょう》を出《い》だす」（『教行信証』聖典二一〇頁）と言われる。そこに三経一論にわたって、一心という問題を明らかにされる。心という問題、この場合の心は、三経一論にわたって出ている三心一心である。この場合の心は、心理学的意味の心ではない。信心と言われるとき、「自力《じりき》の三心《さんじん》ひるがえし　如来《にょらい》利他の信心に　通入せんとねがうべし」（『浄土和讃』聖典四八六頁）とあるところから見ても、心というところに自覚をあらわす。

偈と問答が『教行信証』の精要

三心一心というのは宗教心理学ではない。もちろん体験を離れてそういうことは言えないが、体験ということになると行、念仏が体験である。心というときには、自覚ということになる。三経一論について、自覚を明瞭にする。信心にさかのぼって、信心の原理を見出す。本願の三心（至心・信楽・欲生）は信心の原理であり、それによって、さらに三願の原理によって信仰を批判し、「しばらく疑問を至《いた》してついに明証《みょうしょう》を出《い》だす」（『教行信証』聖典二一〇頁）と続く。三度問答（三一問答〈『教行信証』聖典二一三頁参照〉、三三問答〈同二三一頁参照〉、三一問答〈同三四四頁参照〉）が繰り返されるのである。さらに続いて「誠に仏恩《ぶっとん》の深重《じんじゅう》なるを念じて、人倫《じんりん》の哢言《ろうげん》を恥じず。浄邦《じょうほう》を欣《ねが》う徒衆《としゅう》、穢域《えいき》を厭《いと》う庶類《しょるい》、取捨を加うといえども、毀謗《きほう》を生ずることなかれ」（同二一〇頁）と言われる。これは、天親菩薩が「願生偈」を優婆提舎と言われた確信を語る言葉である。そういうところから見ても、『教行信証』の優婆提舎である点は、深い確信をもって、三心一心の問答として展開してあるのである。このように、

『教行信証』の中で優婆提舎である点は問答であり、偈である点は「正信偈」である。『略文類』を見ても、『正信偈』と問答を二回向四法の後に付録のように付けてある。このように偈は、問答に対して偈頌と言われる点が理解できる。『教行信証』は二回向四法という形でまとめられているが、その内容から言えば、「正信偈」と三心一心の問答に尽くされるのである。偈と問答が『教行信証』の精要である。

偈頌と問答は形の上から見ても対称的である。『教行信証』の中でも最も洗練された言葉は「正信偈」であろう。ことに後半、「印度西天之論家」（「正信偈」聖典二〇五頁）以下の依釈分は、七祖の精神を徹底的に要約して偈頌にまとめられてある。

それに対して三心一心の問答は難解な言葉である。内容的な難解さゆえ、自ずから文章もそういう形をとらざるを得なかったのであろう。どこまでも信仰を内に掘り下げてある。自覚の問題、己証の問題となると、体験の問題をどこまでも批判して証明する必要がある。問答は『成唯識論』の理証のようなものであり、「正信偈」の方は教証であろう。

そういう問題になると、如来の因位の願心にさかのぼって信心を批判し、そして自力の信心という内在的信を如来回向の信として如来にかえすまで徹底してある。我われの所有していた内在的体験の信を批判して、如来にかえすまで徹底してある。むしろ釈尊以前にかえる。至心・信楽・欲生という言葉は、実は如来の永劫の御苦労と言われているような因位の「たすけんとおぼしめしたちける」（『歎異抄』聖典六四〇頁）欲生我国の歴史を語る言葉である。

「正信偈」は釈尊以後の歴史

「正信偈」の方は、釈尊以後の歴史が阿弥陀仏の本願を証明しているということを語っている。苦悩の衆生のたすかるべき道が、すでに釈尊以後の歴史になっているのである。我われが迷いの中から救いをこれから求めるのではなく、もうすでに救われる法が見出され、歴史として我われに先立って証明されている。この歴史を見よ、ということである。

歴史になったということは、探究が無用になったこと、法が見出されたこと、法が人によって証明されたということである。法は人を超えているが、法において人がたすかったということが歴史である。歴史を超えた法の歴史に、我われがすでに応えられている。我われの求めるものが、過去に応えられている。我われは、たすかった歴史に立ってたすかるのである。だから「正信偈」は、親鸞聖人が歴史を離れて勝手に作られたものではない。

「応信如来如実言（如来如実《にょじつ》の言《みこと》を信ずべし）」とか「唯可信斯高僧説（ただこの高僧《こうそう》の説を信ずべし）」（「正信偈」聖典二〇八頁）ということは、来たってこの歴史の事実を見よ、ということである。ただ伝達があるだけである。自分の信ずるところはこうだと、人にも勧めておられる言葉である。自分もこれを信ずることによって、この歴史を信ぜよ、と人に勧めておられる。何物も親鸞が付け加える必要のない事実を見よ。念仏と言うと個人の体験のように思うが、念仏は歴史である。念仏の歴史を包んで念仏と言う。念仏にたすけられたことが、念仏の中のことであるというのである。こういう一つの伝達、つまり一点の私を加えるところのないものを示してある。それが「正信偈」である。『教行信証』が文類と言われているのもそうである。

それに対して問答の方は、親鸞聖人が自ら作られる。こういう意義をもつ。「正信偈」は作るには違いないが、「聞くところを慶《よろこ》び、獲《う》るところを嘆ずる」（『教行信証』聖典一五〇頁）というところから、何物も付け加える必要のないところから出ている。問答は、全責任を負って開いてある。そこに親鸞聖人の己証の法門、三願・三機・三往生という己証の問題がある。

親鸞自らを試金石として、親鸞を消さずに親鸞の責任において、三心を明らかにされているところに、自覚の問題が展開されている。自分をまな板の上に載せて明らかにしなければならないような問題が、己証の問題である。

一心の体、つまり行体としての念仏、本願念仏の歴史を述べられたのが「正信偈」である。すでに親鸞聖人はこの歴史に召されておられる。親鸞に先立って親鸞が召され、親鸞がすでに応えられている歴史である。そういう諸仏称名の歴史としての念仏は、親鸞の単なる胸の中にあるものではない。その歴史は親鸞の外に超えたものである。自ずからここに人に勧める歴史がある。まず大行の歴史を示して、信をもって勧めてある。

この事実を見よ、何を今ごろ自分の体験に固執して探究しているのか、という意義である。太陽のごとく明瞭に我らのたすかる道が示されている。讃嘆できない、絶賛というものである。そういう感動が「正信偈」を一貫している。自ずから歌とならざるを得ないのである。

名義相応という信心の問題

問答の方は内に超える。これはむしろ、親鸞聖人御自身の悪戦苦闘の戦いの上に、法の闘いを読みとられた。法蔵菩薩の永劫の修行を、親鸞聖人一人の責任として明らかにされた。淡々として書くわけにいかない。それはむしろ批判であり、また懺悔である。三願転入、二種深信というのは、みなこの問答の内容である。そこには批判と回心懺悔しかない。一貫して否定だけであり、一点の肯定もない。否定の原理が欲生我国である。信のうちに否定の原理を見出して、初めて満足して否定されることができた。

一心の自覚を掘り下げる。どこまでも信を内に推して内に超えて、そこに信を批判し信を成就する原理として、如来の三心を明らかにした。信の原理は信である。信を信以外の原理で批判しているのではない。『大経』に説かれている法蔵菩薩の神話を、信仰の自覚の原理として信仰の内に見出した。だから、これは行体に対しては原理と言えよう。一心の原理を三願の信の原理として見出し、それによって信を批判し止揚している。こういう形になると思う。

行体の方は、釈尊ならびにその釈尊の説かれた教説を伝承された七祖全部であるが、問答の方は七祖全部は要らないので「論家《ろんげ》・釈家《しゃっけ》の宗義を被閲《ひえつ》す」（『教行信証』聖典二一〇頁）とある。「釈家」は善導大師、「論家」は天親菩薩である。いやしくも信心を掘り下げることになると、「一心帰命」と言われた天親菩薩と、「二種深信」と言われた善導大師の二人によられる。

親鸞聖人は善導大師の三心釈によって『大経』の三心を明らかにされた。論家は一心になるが、ここで注意すべきことは、天親菩薩の一心を直接引かずに『論註』を通して引いてあるということである（『教行信証』聖典二一三頁参照）。親鸞聖人が三心一心の問答を開くにあたって、まず一心を『論註』の下巻、解義分の解釈の中の第二讃嘆門のところから引かれた。親鸞聖人は問題を「信巻」で出されたが、実は第二讃嘆門の解釈にすでに三心一心の問題が出ているのである。そこに曇鸞大師の告白的な言葉が出ているのである。

まず、讃嘆門の大行を述べて「かの無碍《むげ》光如来《こうにょらい》の名号《みょうごう》よく衆生《しゅじょう》の一切の無明を破す、よく衆生《しゅじょう》の一切の志願を満てたまう」（『教行信証』聖典二一三頁）。ところがそれに続いて「しかるに称名《しょうみょう》憶念《おくねん》あれども、無明なお存《そん》して所願を満てざるはいかんとならば」（同頁）と問題を出しておられる。これは理論問題ではなく、実践問題である。念仏として本来応えられているにもかかわらず、念仏するけれどもなお我われが満足を得ないのはどういうわけか。これは、念仏しない人が出した問題ではない。念仏の中で問題が起こっている。これは、機法の問題を明瞭に区別している。法の問題から新しく機の問題を開いたのである。我われのたすかる法が見出されたということは、必ずしもたすかったことではない。

本願のはたらく場所は名号であり、名号において本願が我われを招喚し救う。名号はそういうたすける法であり、本願においては名号を法とされた。その名号に遇いながら自分がたすからないのはどういうわけか。曇鸞大師は、たすける法に遇わずに、たすからない問題を見出されたのではない。本願に触れ本願に乗じつつ、しかもそれによって本願にたすけられない。ここに初めて自分の問題を見出された。

法は、仏の問題である。自ら仏に成ったのみでなく、いまだ仏に成らない者をたすける法が名号であり、そこに仏の仕事は終わっている。ところがその中にありつつたすからないのは、自分がたすからない。たすけないのではない。機の問題である。これは他人事として話すわけにはいかない。曇鸞大師御自身の問題、ここに親鸞聖人は自分を読まれたのである。『論註』は誰もが読んでいるが、着眼したのは親鸞聖人である。それで親鸞聖人は「能《よ》く衆生《しゅじょう》の一切の無明《むみょう》を破し、能く衆生《しゅじょう》の一切の志願を満てたまう」（『教行信証』聖典一六一頁）と「行巻」に述べられ、「しかるに」以下を「信巻」に引かれている。問答の端緒を曇鸞大師に見出されている。

そこに名義相応の問題がある。名号をたたえても無明が残り志願が満たされないのは、名義と相応しないからである。念仏の中にあって念仏を翻訳しているからである。つまり、体験があるからたすからない。体験がないのなら本願に遇わないのと同じであるが、法に遇ってたすからない。曇鸞大師はむしろ体験しているからたすからない。如実修行でない。如実でないのは名義と相応しないからである。

名義相応は信心の問題、称名憶念は行の問題である。たのむのは本願であるが、たのむ心は本願ではない。体験は一つであって無限の距離がある。称名憶念は一つであるが、しかし、たのむ本願とたのむ我われの心とは無限の距離がある。これを自覚した。こういう問題が二種深信、三願転入の問題である。

三心釈は法蔵菩薩に遇った記録

親鸞聖人は、三度十方衆生を呼ばれた機の三願の所以を、三心一心の問答を通して尋ねられた。行は答えであり、その答えの中に問いを見出された。一心を答えとして述べたのは「正信偈」であり、その答えの中に問いを見出されたのである。

曇鸞大師は、解義分の解釈の中の第二讃嘆門を「このゆえに論主《ろんじゅ》建《はじ》めに「我《が》一心《いっしん》」と言《のたま》えり」（『教行信証』聖典二一四頁）と、結んでおられる。その意味は、天親菩薩が「一心」と言われたのはこれであったか、ということである。曇鸞大師が『浄土論』の「一心」に遇われた場所である。「一心」は一番初めに書いてあるが、初めにはわからない。天親菩薩の一心に自分の上で遇った。本の上なら初めであるが、自分の上であるから後になる。自分を読めて、初めて本が読める。ここに曇鸞大師が膝を叩いた場所がある。

このように、天親菩薩を引くについて、特に曇鸞大師を通して引いてある。本願の三心は、善導大師の釈を通して引いてある。天親菩薩の一心は曇鸞大師を通して、本願の三心は善導大師の三心釈を通して引いておられる。讃嘆門という場所が大切である。そこに曇鸞大師が天親菩薩に遇った記録がある。それに対して善導大師の三心釈は、法蔵菩薩に遇った記録である。そういう意義をもっている。

曇鸞大師の文章は短いから気がつかないが、あそこに告白が出ている。仏の大悲は一切衆生をたすけたいのであるが、たすかるのは自分一人である。十方衆生に分割するわけにはいかない。たすかるのは自分一人だから、自分の救いを人に聞くわけにはいかない。呼びかけられた本願を自分の責任として明らかにされた表白的な文章である。善導大師の三心釈も表白である。三心釈に次いで二河譬を引いておられるが、二河譬の行者は善導大師御自身である。

善導大師の三心釈がなければ、法蔵菩薩の修行は物語にすぎない。また天親菩薩も過去の人となり、法蔵菩薩にいたってはまったくの神話である。自覚ということになると時間や空間がなくなり、それらのものが同時性をもつ。自分の責任としてそれに向かうときに、時間や空間が除かれ、自己を除けば時間や空間が距たる。自分に引きあてて聞く。一人になるとき、と言うが、なろうとしてなるのではない。一人にならされるのである。そのとき、単独者、アインツェルナー（Einzelner）になり、空間や時間を超える。もう神話ではない。善導大師の三心釈は神話性を克服した記録であり、一人になるとき実存になる。そのときに神話も実存になる。善導大師が真に実存として法蔵菩薩に遇った場所が、三心釈である。また曇鸞大師の「名義相応」という言葉こそ、曇鸞大師が初めて天親菩薩の内面に遇われた場所である。

三心一心の問答は、親鸞聖人が自らの責任をもって、曇鸞大師・善導大師の教学を通して、御自身が曇鸞大師となり善導大師となって、自分を一つの試金石として信心を掘り下げられたものである。そこに、自ずから三心釈の言葉が難解たらざるを得ないのである。一心を深く掘り下げられ、他力回向の自覚を明らかにされたのである。親鸞聖人が、というよりむしろ、一心が一心自身を問うた問いである。「正信偈」の方は、一心が答えられている。親鸞聖人は一心を、胸の上ではなく歴史の上に立てられた。親鸞聖人も信ずるごとく、それを多くの人々に勧めておられる。こういう意義が「正信偈」と問答にある。

「正信偈」は本願の歴史に頭の下がった世界

「正信偈」は、問答に対して偈である。しかし「正信偈」が全体であって、半分半分ではない。「正信偈」を述べて足りないから、問答を作ったのではない。「ただ念仏して、弥陀《みだ》にたすけられまいらすべしと、よきひとのおおせをかぶ（蒙）りて、信ずるほかに別の子細《しさい》なきなり」（『歎異抄』聖典六二七頁）と言われているように、親鸞聖人の一切が表白されている。『教行信証』は「正信偈」で一応すんでいる。念仏を体としてその一心の教相を、二回向四法をもって示す。これはどこにあるかと言うと、念仏にある。「正信偈」で二回向四法は終わっていると言ってもよい。「信巻」は、一心に付け足したのではなく方向が違う。一心の直観を反省してくるのである。

一心を行体として述べれば、易行ということになる。一心それ自体、一心の体は本願の歴史であり、それは易行である。一心の中に自分を見出したご縁によってそうされたのであるが、一心を得たことは容易ではない。遇うのはたまたまであるが、遇うのは容易ではない。万劫の初事である。悪戦苦闘は我われから言うからで、悪戦苦闘自身は悪戦苦闘とは思わない。むしろそれは仏法の御苦労であって、自分の苦労ではない。こういう意義から難信と言う。難信の体は易行であるが、その中に自分が見出されたのは、容易ならないことである。それが難信の難ということである。この難という意義を明らかにしてくるのが問答である。三心一心の問答は付け加えたのではなく、掘り下げたのである。

本願の歴史に頭が下がった事実を「正信偈」は述べる。そのことがなかなか容易ではない。下がった頭にいただかれた歴史、下げざるを得ない歴史、頭の下がった世界を述べたのが「正信偈」である。

その下がった人々が、下がったと自覚するよりも、下がらないものだと自覚する。真に頭の下がらないものであるという自覚である。下がった人にして初めて、下がらないと言うのである。下がらないということが下がった自覚内容である。法の歴史の中においてそれが全体であり、総別の関係であろう。

4、諸仏の伝統と知恩報徳

選択本願の行信

「正信偈」には、「おおよそ誓願《せいがん》について、真実の行信《ぎょうしん》あり、また方便の行信あり」（『教行信証』聖典二〇三頁）で始まる偈前の文があって、その多くの解釈は「正信念仏偈」を起こしてくるものである。『略文類』では二回向四法を述べられた後に、「念仏正信偈」ならびに問答を付録のような形で抜き出してある。

『略文類』と『広文類』は、互いに相照らしている。拝読する我われから言うと、互いに相照らすというところに教えを受けるのである。『教行信証』だけではなく『略文類』を通して『教行信証』

の要点がはっきりする。親鸞聖人が『教行信証』を作られた後に改めて『略文類』を作られた御精神は、そういうところにある。

『略文類』によると、問答および「正信偈」は『教行信証』の精要である。この二つで尽くし得る。二回向四法の内実は、そういうものとして考えられる。そういうところに、「正信偈」と問答は互いに対応する意義をもつ。それを『教行信証』では二回向四法におさめる。おさめると「正信偈」は「行巻」、問答は「信巻」および「化身土巻」に入る。そういうところに「教巻」「行巻」と「信巻」以下というものの面目が明らかになる。

「信巻」以下の面目は問答であるが、問答とは、問題を提起し解決することである。問題とは己証の問題である。問答は三心一心の問答であるが、心というのは自覚をあらわす。自覚の問題をもっているところに「信巻」以下の面目がある。「信巻」以下には正定聚の機と言い、「化身土巻」には邪定聚の機、不定聚の機と言う。三経一論にわたって機の問題を明らかにしてある。そういうところに「信巻」を作られた意義がある。

それに対して「教巻」「行巻」の内容は教法、つまり本願の仏法である。だから、その帰結として「正信偈」が置かれている。選択本願の行信が、偈前の文では主になっている。「正信偈」をもって「行巻」の帰結とする意義をあらわすのが、偈前の文なのである。選択本願の行信によって、一切善悪の凡愚に報仏報土の往生、つまり難思議往生の益を与えようとするのが、『大経』の宗致である。一切衆生をして平等に無上仏道を成ぜしめる因として、選択本願の行信が回向されてあるということが、真宗の正意である。

　選択本願の行信というところから、正信念仏と言う。教・行・信・証と言うが、帰結するところは行信である。教と言うが、行をもって教とする。行に真実の証という自覚を開くのが、信である。教・行・信・証とあるが、結局、行信に帰着する。こういうところから、「行巻」の帰結としての偈頌が「正信念仏偈」と言われる。この行信をいただかれた親鸞聖人が、その恩に報ぜんがためにこの偈頌を作ると言われた。知恩報徳の意義を明らかにするために、曇鸞大師の『論註』を引かれている。

大聖の真言

そしてそれを受けて、「しかれば大聖《だいしょう》の真言《しんごん》に帰し、大祖《だいそ》の解釈《げしゃく》に閲《えっ》して、仏恩の深遠《じんのん》なるを信知して、正信念仏偈《しょうしんねんぶつげ》を作りて曰《い》わく」（『教行信証』聖典二〇三頁）という言葉で「正信偈」が置かれている。これがつまり、「行巻」にその帰結として「正信偈」をおさめる意義を語るものである。

　ここに「大聖の真言」「大祖の解釈」とあるので、要するに「教巻」「行巻」は伝統の巻と言ってもよい。大聖の真言、大祖の解釈によって「正信偈」を作ると言われる。「大聖の真言」「大祖の解釈」という言葉は、「教巻」「行巻」を受けているのである。また自ずから「正信偈」の内容、組織がこれによって語られている。

　「大聖の真言」は三部経であり、大聖は釈尊、真言は三部の教説である。けれども、「教巻」に「真実の教《きょう》を顕《あらわ》さば、すなわち『大無量寿経《だいむりょうじゅきょう》』これなり」（『教行信証』聖典一五二頁）とあるように、『教行信証』全体から見れば『大経』がこれになる。『観経』『小経』は、「化身土巻」に置いてある。三部経と言うが、『大経』である。三経が三経として成り立っているのは、選択本願に立つからである。単に阿弥陀仏を説くからではない。三経の真実は、選択本願を宗とすると言う。宗があるのである。

他の経典では阿弥陀仏が説かれていても、本願を説くということを宗とはしていない。しかし、選択本願は一貫している。それに基づいたものが三経である。その場合は、三経は平等であるが、方便というところに三経は差別される。真実という点では、三経は一つである。『観経』『小経』は、真実なる選択本願を、方便をもって明らかにした。その選択本願を正しく説いてあるのが『大経』である。「選択本願為宗」（『教行信証』聖典三三九頁）と言われる。説という字を一字入れると、『大経』の宗になる。正しく本願を説くということを宗となすのは『大経』であり、念仏を体として念仏の意義を、本願を説くことによって明らかにしたのである。念仏が真の純粋の仏法であるということを、本願を説くことをもって明らかにした。

だから、大聖の真言は、帰するところは『大経』である。「教巻」「行巻」はみなそうなっていて、「正信偈」でも前半の大聖の真言、後半の大祖の解釈もみなそうなっている。前半を見れば「摂取心光常照護」（「正信偈」聖典二〇四頁）や「是人名分陀利華」（同二〇五頁）は『観経』であるし、また「信楽受持甚以難　難中之難無過斯」（同頁）は『小経』にも語られているが、それらもみな『大経』に摂して、『大経』に還元して述べてあると言える。

大祖の解釈

大祖の解釈は『大経』の精神を明らかにされたものである。『大経』の教を伝承された七祖の言葉である。上三祖が『大経』に依って教を説かれたのは明らかである。道綽禅師以下は『大経』よりも『観経』が表面に立っていて、『安楽集』は『観経』の玄義であり、善導大師は言うまでもなく『観経疏』を著しておられるから、下四祖は『観経』を主にされたように見える。しかし、『観経』に依られた点は「正信偈」には出ず、「化身土巻」にまわしてあり、「正信偈」では一貫して『大経』の精神を輝かされたことが出ている。

『観経』に依って『大経』を明らかにされたが、『観経』が立場ではなく、『大経』が立場である。それが親鸞聖人の洞察である。七祖は一貫して『大経』の伝統に立たれた方である。『観経』に依られたが、『観経』が立場ではない。『観経』に依られた部分は「化身土巻」に出ているが、『観経』に依って輝かされた言葉がここに出ている。

上三祖の言葉は、原則として前五巻に出ている。『教行信証』において真実報土を述べられた前五巻に限っている（例外は一つ）。下四祖の言葉は前五巻にあり、また「化身土巻」にもあり、重複している。だから下四祖の方便の言葉は、『観経』『小経』に依られたもので、真実の『大経』の本願に帰さんがためである。こう言うことができる。

正信念仏は、一点の私もない歴史的確信

「大聖の真言」「大祖の解釈」は、人から言えば釈尊と七祖である。「行巻」には、第十七願が大行の根拠として掲げられている。第十七願は諸仏称名の願であるが、ちょっと見ると、諸仏は、釈尊以外の諸仏にも見えるし、七高僧は高僧だから諸仏でないごとくに見える。釈尊も、本願を説かれるような釈尊は、諸仏の位である。『大経』の序分に「如来以無蓋大悲、矜哀三界。所以出興於世、光闡道教、欲拯群萠　恵以真実之利（如来、無蓋《むがい》の大悲《だいひ》をもって三界《さんがい》を矜哀《こうあい》したまう。世に出興《しゅっこう》したまう所以《ゆえ》は、道教を光闡《こうせん》して、群萠《ぐんもう》を拯《すく》い恵むに真実の利をもってせんと欲《おぼ》してなり）」（聖典七～八頁）と言ってあり、「我以無蓋大悲」とは言っていない。権威をもって語っている。これが出世本懐の宣言である。世に出興する所以は、一大事因縁をもって世に出興したのである。だから、如来という言葉でもってあらわされる。

これを親鸞聖人は異訳の経典を用いて明らかにされるが、正依の経典では「如来」とあるところを、異訳（『如来会』）では「一切如来・応《おう》・正等覚《しょうとうがく》」（『教行信証』聖典一五三頁）となっている。正依では「如来」と一語で言いあらわされているものを、異訳では「一切如来」とあらわしたのである。こういうところから、親鸞聖人は、釈尊の出世本懐たるに止まらず、諸仏如来の出世本懐と見られたことが窺える。だから「正信偈」の「如来所以興出世　唯説弥陀本願海（如来、世に興出したまうゆえは、ただ弥陀《みだ》本願海を説かんとなり）」（聖典二〇四頁）という言葉は、『大経』を受けた言葉であり、この如来も釈迦に違いないが、諸仏如来の意義をもっている。真蹟本を見ると、親鸞聖人は、初め「釈

迦」とお書きになったのを訂正して「如来」とされたのがわかる。

『略文類』では釈迦になっている。釈迦であることは拒まないが、単なる個人釈迦ではない。本願以外の教説は釈迦個人の経典だが、阿弥陀仏の本願は諸仏如来の自覚をもって説かれた教説である。だから、大聖も第十七願を通すと諸仏である。『大経』は、釈尊が諸仏称名の願に応えて説かれたものである。釈尊だけが諸仏ではなく、七祖も推していくと諸仏と言える。諸仏というものは、詩的な構想力によって描かれた何かではなく、歴史的事実であり、歴史の上に根拠がある。「易行品」などの仏の名というものは、みな空想で書いたものではなく、歴史の無数の伝統が交流している世界をあらわす。そうして見れば、釈尊のみならず七祖もみな諸仏である。

これはやはり、選択本願の眼をもって仏教の歴史を見ている。仏法を成り立たせているのは、選択本願である。そのように、本願史観を通して見る眼を開いて、仏教の歴史を新しく見るのである。選択本願に触れなければそういうことは言えないが、選択本願が仏法の宗である。こういう眼から見ると、南無阿弥陀仏の歴史の中に生まれた人はみな諸仏である。釈迦と七祖、この八人によって無数の人々が代表されている。名も無き人々が代表されている。言い得べくんば、そういう人こそ本当の諸仏かも知れない。八人によって個人の名は消えて、南無阿弥陀仏という一つの平等の名になっている。善人の名、悪人の名、種々の名があったが、それらが平等に南無阿弥陀仏の名の中に代表されている。特に個人の名を必要としない。南無阿弥陀仏という大きな名が与えられて、絶対平等の名になる。瓦礫を変じて金となす。

そういう無数の名も無い人々によって伝統されている仏法が念仏であり、その歴史を代表するインテリが釈尊ならびに七祖である。単なるインテリではなく、民衆に大地をもっている。民衆に君臨しているのではなく、民衆を代表している。釈尊ならびに七祖のみならず、本願の中に救われていった人はみな諸仏である。諸仏は本願に救われていった衆生の位をあらわす。それで第十七願が諸仏称名の願となるのである。法の三願は、機の三願と離れてあるのではない。十方衆生と離れて諸仏は考えられない。十方衆生と十方諸仏は無関係のものではない。そこには深い内的関係がある。

だから、体は一つであるが、深い意味での関係から言うと位は別である。諸仏は念仏の位、歴史を荘厳した位であり、歴史的位置をあらわす。それに対して十方衆生は信心の位、正信の位である。念仏の位は諸仏であり、正信の位は十方衆生である。だから諸仏と言っても、諸仏の自覚は十方衆生である。十方衆生がたすけられた位である。十方衆生に歴史が与えた位置、それが諸仏であり歴史の位である。個の自覚の位が選択本願に総合されている。選択本願の機、本願の歴史に召される位を十方衆生と言い、法を十方諸仏と言う。本願の歴史に召されることによってまた歴史を作る。歴史にたすけられて歴史を作る。その位を諸仏と言う。

だから、親鸞聖人が「正信念仏偈」を述べておられる中に、正信と念仏という二つの自覚がある。親鸞聖人御自身の中に、正信を通しての念仏という位、つまり諸仏の位に位づけられたという確信が暗々のうちにおありだったのであろう。ただ、自分を釈尊七祖の外において「正信偈」を作っておられるのではない。親鸞聖人の正信は、本願の歴史に召されたという自覚である。その自覚に立ってたたえられたのが「正信偈」である。そこに、諸仏と衆生が正信と念仏という関係をあらわすと言うことができ、親鸞聖人もその自覚に立っておられるのである。

十方衆生の自覚は、二種深信である。「いずれの行もおよびがたき身」（『歎異抄』聖典六二七頁）であるにもかかわらず、いかなる機をもたすける本願の機とされた。それが念仏の中の喜びである。しかし、親鸞聖人は、衆生という自覚だけではなく、諸仏という位を値せずしてかたじけなくも与えられたという確信をもたれた。親鸞聖人にはかたじけなさという形において歴史的確信がおありだったのである。

そういうことは、自分が偉いというのではない。親鸞聖人が諸仏の歴史に位づけられるということは、その信心がまったく二種深信であるということである。つまり、正信念仏は、私の信心ではなく歴史的確信である、歴史が信心を権威づけている。正信念仏は公平無私であり、一点も私がない。個人が無になるところに、歴史の確信が与えられる。個人があるなら歴史はない。「よきひとのおおせをかぶ《（蒙）》りて、信ずるほかに別の子細《しさい》なきなり」（『歎異抄』聖典六二七頁）、「唯可信斯高僧説」とおっしゃるのは自信がないのではなく、本当の歴史の確信を語っておられるのである。もう自分の体験に頼る必要がないということを語る。この歴史を見よ。歴史が信心の内容である。親鸞聖人は七祖の歩まれた伝統の中に自分があると喜ばれ、その喜びの中には歴史の確信があったのである（我われが開山と仰ぐのは、親鸞聖人が我が釈尊だという意義である）。

第十七願の眼から見ると、釈尊も七祖もみな南無阿弥陀仏から生まれた人である。本願の歴史はたすかった人によって証明された歴史であり、たすからない人によって探究されている歴史ではない。たすかった人には自ずから勧信がある。歴史には自ずから勧信がある。「応信如来如実言」「唯可信斯高僧説」がある。

「正信偈」は歴史に対する応答

釈尊ならびに七高僧がすべて南無阿弥陀仏から生まれて南無阿弥陀仏を証明した人であるということは、第十七願の眼から開かれた。大聖の真言、大祖の解釈は諸仏称名である。その中から出た親鸞聖人の「正信偈」は、御自身の第十七願の体験である。親鸞聖人が大聖の真言、大祖の解釈と言われるのは、第十七願成就によって第十八願成就としての御自身を見出されたことによる。第十八願成就を正信と言う。親鸞聖人はその見出された正信に立って、見出さしめた歴史を称讃された。「正信偈」は、親鸞聖人の第十七願の体験を語るものである。

そういうわけで、「正信偈」は「行巻」の終わりに置かれている。これで終わりである。終わりを語る。昔の人は、正信念仏と言うから「行巻」の終わりで「信巻」の初めだ、つまり中間だと言ったが、そんな不徹底なものではない。正信を述べるために「信巻」があるのではない。「教巻」「行巻」は釈尊以後、「信巻」は釈尊以前である。「信巻」は法蔵菩薩の因位にまでさかのぼって三心一心の問答を開き、それによって信心を批判し、かつ止揚した。「教巻」「行巻」は伝承の問題であるのに対して、「信巻」は己証の問題である。だから安心というのは「信巻」に行かなければ出ないのではなく、すでに「行巻」に出ている。親鸞聖人の安心そのものを行と言う。偈前の文にも「選択本願の行信」とあるように、行信と言う。信に具した行を述べてある。安心所具の行、安心の行体としての南無阿弥陀仏の大行の歴史を述べられたのである。

大聖の真言、大祖の解釈は「教巻」「行巻」を受けている言葉である。これによって本願念仏の伝統の歴史が述べられ、その伝統の中に自分が見出されている。第十七願成就によって、親鸞聖人御自身を第十八願成就として見出された。第十七願の歴史を通して、願が信として見出された。だから「正信念仏偈」は歴史に対する応答である。知恩報徳は応答である。

だからして、大聖や大祖が諸仏であるように、念仏の中に生まれた人はみな諸仏である。その念仏の歴史を包んで念仏である。念仏を出ない。念仏から外へ流転したのではない。新しく南無阿弥陀仏の展開する歴史が、南無阿弥陀仏にかえっている。大聖の真言、大祖の解釈は上を受けてくる言葉であるから、それによって親鸞聖人が歴史に応えた。応えることが知恩報徳であり、それが同時に「正信念仏偈」の組織になっている。

第二章　総　讃

1、帰命無量寿如来

帰命無量寿如来　南無不可思議光

無量寿《むりょうじゅ》如来に帰命《きみょう》し、不可思議《ふかしぎ》光に南無《なむ》したてまつる。

光寿の順序

初めに「帰命無量寿如来　南無不可思議光（無量寿《むりょうじゅ》如来に帰命《きみょう》し、不可思議《ふかしぎ》光に南無《なむ》したてまつる）」（「正信偈」聖典二〇四頁）とあるが、これは『六要鈔』によると「先づ寿命・光明の尊号を挙げて帰命の体と為す」（真聖全一、二六六頁）と言ってある。これは、南無帰命する体としての本願の御名を挙げられたのである。本願の御名を掲げて、そこに親鸞聖人の一心帰命を表白してある。言葉の上から言うと、寿命と光明であるが、これは『大経』にかえると、第十二・十三願成就の如来の徳である。光・寿は経に依ってある。

光・寿は広くは三経に説かれているが、『大経』では特に本願の上に明らかにしてある。無量寿については帰命と言い、不可思議光については南無と言う。南無（サンスクリット語ではnamas）の訳語が帰命だから、南無を先にすべきであるが、「南無不可思議光」が「帰命無量寿如来」の後になったのはどういうわけか。さらに『大経』に依っても、第十二願は光明無量の願、第十三願は寿命無量の願だから、十二、十三の順序からしても、「南無不可思議光」が「帰命無量寿如来」の先でなければならないし、また一般的に言っても、光は寿の先に言うべきである。にもかかわらず、尊号である南無阿弥陀仏を「帰命無量寿如来　南無不可思議光」と言ってあるのは、天親菩薩『浄土論』の「帰命尽十方無碍光」、曇鸞大師『論註』『讃阿弥陀仏偈』の「南無不可思議光如来」の順序によっているからである。

ただ経典だけなら、「南無不可思議光」を先にし「帰命無量寿如来」を後にしなければならない。内容は経典であるが、形が経典と異なる。「帰命無量寿如来」と「南無不可思議光」の順序は、『浄土論』ならびに『論註』の順序である。

この二句で「正信偈」全体が尽きている

偈前の文では、知恩報徳を特に曇鸞大師の言葉をもって語られており、その曇鸞大師の『論註』における知恩報徳は、『浄土論』の「世尊我一心　帰命尽十方」（聖典一三五頁）の解釈として出ている。その点から考えると、親鸞聖人のこの二句は、『浄土論』および『論註』に、「願生偈」ならびに『讃阿弥陀仏偈』にならわれた。『讃阿弥陀仏偈』には、南無阿弥陀仏を初めに出している。曇鸞大師の指南によって「願生偈」に基づくということがある。

「願生偈」の第一句は、帰敬序である。「帰命尽十方　無碍光如来」は帰敬序の意味もあって「帰命の体と為す」（『六要鈔』）と言われている。「願生偈」では、これは序分である。序分には帰敬序と発起序というものがあるが、発起序は正しく知恩報徳をあらわす。この帰敬序の「世尊我一心」は、『大経』の教主世尊に表白したのである。阿弥陀仏の本願に帰した信心を、世尊に向かっての帰敬として述べる。

世尊よ、という一語だが、親鸞聖人の場合は「大聖の真言」の大聖を世尊と言われる。「願生偈」にならって置かれている。その点から序分と言ってもよい。「法蔵菩薩因位時」（「正信偈」聖典二〇四頁）からは正宗分、「弘経大士宗師等」（同二〇七頁）の終わりの四句は流通分ということも考えられる。「願生偈」は形式から言うと、初めの一行は序分であるが、その内容から見ると序分ではない。一論の安心を述べてある。「一心」は序分としては一心を述べたところだけが一心だが、『浄土論』の最後まで一心である。序分のところだけ一心であるのではなく、『浄土論』全体が一心である。親鸞聖人は「一心の華文《かもん》」（『教行信証』聖典二一〇頁）と言われる。内容から言うと序分を超えたものであり、本願成就の一心をあらわす。一論の安心をあらわす。

だから、そういう意義を曇鸞大師の『論註』はあらわす。曇鸞大師は「願生偈」を五念門の偈と見られる。解義分から振り返ると五念門の偈である。しかし、一心までも五念に入るのではない。「帰

命尽十方　無碍光如来　願生安楽国（尽十方無《じんじっぽうむ》碍《げ》光如来《こうにょらい》に帰命《きみょう》して、安楽国に生まれんと願ず）」（『浄土論』聖典一三五頁）は、前三門を具えている。「観彼世界相（かの世界の相を観ずるに）」（同頁）以下は観察門、「我作論説偈（我《われ》論を作り、偈《げ》を説きて）」（同一三八頁）は、回向門である。五念門の偈という場合は、全部が正宗分である。しかしその場合でも、一心は五念の中には入らない。

浄土宗の解釈では一心も起行の一心と言うが、これは意業安心である。一心は安心、五念は起行である、と言う。このように一心五念となっている。しかし、これは一心に五念が具しているということである。一心は能具、五念は所具である。一心を得て、もう一つ五念を行ずることはない。一心は安心であり、安心は立場である。立場というのは、本願成就の一念発起である。一念発起の信というのは、南無阿弥陀仏の歴史の中に我われの立場を見出すことである。いかなる事件に出遇っても、五濁悪世に生きてゆける立場を我われの存在の立場として見出すことである。安心ということはそういうことである。五濁悪世から逃げ出すのではなく、五濁悪世に耐えていける立脚地である南無阿弥陀仏の中に自己を見出す。自己を抜きにすれば、一心と言っても法である。一心帰命を考えるのと、一心帰命そのものになるのとは違う。一心帰命そのものになるというのは、自己を本願の機として見出すことである。「聞其名号」（『大経』聖典四四頁）は自己を見出すことである。機というのは自己である。

信心と言っても、信心を「ただ一心帰命せよ」という釈尊の勧めの言葉と見る限りは、法である。その中に自分への呼びかけを自覚する。お言葉の中に自己を賜る。それが時機到来である。我われは、南無阿弥陀仏の歴史の中に（自分の胸の中にではなく）いかなる不純粋の世界にも立っていける自分の立脚地を初めて見出すのである。それを一心と言い、安心と言う。立つところは一心であり五念に立つのではない。立つところはいつでも一心である。一心を終わってとか、一心を得てからというのではない。一生を貫く、生死を貫くのである。アルファーにしてオメガーである。地獄の中でも貫いていける。それが安心である。一心の主語は我と言い、五念の主語は善男子、善女人、菩薩と言う。五念が安心ではない証拠である。行の主語は菩薩である。

我が、一心にも五念にも立つということはない。だから、『教行信証』においても衆生は聞の位であり、信の主語である。行の主語は諸仏である。『観経』では、衆生が称名すると言う。『浄土論』では行の主語は菩薩であり、一心の主語は我である。一心に立つところに五念が具わっている。一心は能具であり、五念は所具、所行である。五念が行ぜられる。本願を行信するところに五念が行ぜられる。一心を得れば、身の上に本願が行ずる。このように曇鸞大師が解釈された。

一心が正信、五念が念仏である。「一心の華文」を曇鸞大師が五念門の偈と言われたのは「一心の華文」が「正信念仏偈」だということである。そうなると、全部が本論である。形式から言うと一応は「帰命無量寿如来　南無不可思議光」は序分であるが、内容から見ると親鸞聖人の安心である。これで「正信偈」全体が尽きている。これが「正信偈」の略説、「法蔵菩薩因位時」以下は広説、これは親鸞聖人御自身の本願成就の信心の表白である。

初めの二句は序分には違いないが、この二句をもって本願の名号である南無阿弥陀仏を示されたのである。ここに、すでに『浄土論』および『論註』によられていることが明らかにされている。『浄土論』によるに、第一行の偈文は帰敬序であるから、序分という意義をもつものであろう。「法蔵菩薩因位時」から正宗分であり、「弘経大士宗師等」から流通分に見える。

しかし内容から見ると、この初めの二句に本願の念仏を掲げておられるから、「正信偈」はこの二句で尽くされるという意義をもつ。「正信偈」の前に「しかれば大聖《だいしょう》の真言《しんごん》に帰し、大祖《だいそ》の解釈《げしゃく》に閲《えつ》して、仏恩の深遠《じんのん》なるを信知して、正信念仏偈《しょうしんねんぶつげ》を作りて曰《い》わく」（『教行信証』聖典二〇三頁）とあるが、これは帰敬序であり、知恩報徳が発起序である。帰敬、発起ともに偈文の前に、散文をもって表明されている。

そうするとこの二句は、「正信偈」の精神をあらわす。本願の名号に触れて我われが仏をたのむことが成立し、たのむところに仏に摂せられることが成就している。たのむことが救いである。これで終わっている。本願においては名号が仏法である。我われが仏に成ることが仏の名において本願によって応えられている。

第三章　弥陀章

2、法蔵菩薩因位時

法蔵菩薩因位時　在世自在王仏所
覩見諸仏浄土因　国土人天之善悪
建立無上殊勝願　超発希有大弘誓
五劫思惟之摂受　重誓名声聞十方
普放無量無辺光　無碍無対光炎王
清浄歓喜智慧光　不断難思無称光
超日月光照塵刹　一切群生蒙光照

法蔵菩薩《ほうぞうぼさつ》の因位の時、世自在王仏《せじざいおうぶつ》の所《みもと》にましまして、
諸仏の浄土《じょうど》の因、国土人天の善悪を覩見《とけん》して、
無上殊勝《しゅしょう》の願を建立《こんりゅう》し、希有《けう》の大弘誓《だいぐぜい》を超発《ちょうほつ》せり。
五劫《ごこう》、これを思惟《しゆい》して摂受《しょうじゅ》す。重ねて誓《ちか》うらくは、名声《みょうしょう》十方に聞こえんと。
あまねく、無量・無辺光、無碍《むげ》・無対《むたい》・光炎《こうえん》王、
清浄《しょうじょう》・歓喜・智慧《ちえ》光、不断・難思・無称光、
超日月光《ちょうにちがっこう》を放って、塵刹《じんせつ》を照らす。一切の群生《ぐんじょう》、光照を蒙《かぶ》る。

依経分は釈迦・弥陀の二段になっている

「正信偈」の前に「しかれば大聖《だいしょう》の真言《しんごん》に帰し、大祖《だいそ》の解釈《げしゃく》に閲《えつ》して……作りて」（『教行信証』聖典二〇三頁）とあるから、前半は大聖の真言、後半は大祖の解釈に依って制作されたものである。昔から依経分、依釈分と言われるが、大聖の真言によって制作された前半が二段になっている。つまり「必至滅度願成就」（「正信偈」聖典二〇四頁）までと「如来所以興出世」以下との二段になっている。

如来はもちろん直接には釈迦であるが、『大経』の中に「如来以無蓋大悲、矜哀三界。所以出興於世、光闡道教、欲拯群萠　恵以真実之利（如来、無蓋《むがい》の大悲《だいひ》をもって三界《さんがい》を矜哀《こうあい》したまう。世に出興《しゅっこう》したまう所以《ゆえ》は、道教を光闡《こうせん》して、群萠《ぐんもう》を拯《すく》い恵むに真実の利をもってせんと欲《おぼ》してなり）」（聖典七〜八頁）とある。それに依ってできている。言葉もそうであるが、内容もそうである。これは直接には釈迦であるが、同時に「我無蓋大悲」と言わずに「如来無蓋大悲」と言ってあるのは、言葉を荘重にしているのである。これは出世本懐を宣言した言葉であり、三世諸仏の一人としての釈迦をあらわす。

そうすると依経分が、釈迦、弥陀というような二段になっているという思し召しであると思う。これは「教巻」で『大経』の大意を述べられるときに、「如来以無蓋大悲、矜哀三界。所以出興於世、光闡道教、欲拯群萠　恵以真実之利（如来、無蓋《むがい》の大悲《だいひ》をもって三界《さんがい》を矜哀《こうあい》したまう。世に出興《しゅっこう》したまう所以《ゆえ》は、道教を光闡《こうせん》して、群萠《ぐんもう》を拯《すく》い恵むに真実の利をもってせんと欲《おぼ》してなり）」（聖典七〜八頁）という『大経』の言葉に基づいて述べておられる。そこに「弥陀《みだ》、誓《ちか》いを超発《ちょうほつ》して、広く法蔵を開きて、凡小《ぼんしょう》を哀《あわ》れみて、選びて功徳の宝を施《せ》することをいたす。釈迦《しゃか》、世に出 興《しゅっこう》して、道教を光闡《こうせん》して、群萠《ぐんもう》を拯《すく》い、恵《めぐ》むに真実の利をもってせんと欲《おぼ》してなり」（『教行信証』聖典一五二頁）と、弥陀、釈迦二尊によって述べてある。ここの弥陀の内容は「重誓偈」の言葉に依られている。「重誓名声聞十方（重ねて誓《ちか》うらくは、名 声《みょうしょう》十方に聞こえんと）」（「正信偈」聖典二〇四頁）は「重誓偈」に依られた。釈迦の内容は『大経』の序分に依る。二尊一教ということが真実教ということの形式的規定である。

『観経』『小経』の顕と彰

『観経疏』の玄義分に、善導大師が次のように『観経』の大意を述べておられる。「しかるに娑婆《しゃば》の化主《けしゅ》、その請《しょう》に因《よ》るがゆえに、すなわち広く浄土の要門を開く。安楽の能人、別意《べっち》の弘願を顕彰す」（『教行信証』聖典三三三頁）。それを受けて親鸞聖人が、『教行信証』に『大経』の大意を述べられた。

ここに「広開」という言葉が出ている。顕彰弘願は念仏である。それに続いて「弘願《ぐがん》というは『大経』の説のごとし」（『教行信証』聖典三三三頁）と『大経』に譲っている。譲られたものを受けて『大経』の大意を述べられたのである。

これは『大経』の宗体を決定するためである。そのときに如来の本願を説くというのが大切である。これは善導大師の「弘願《ぐがん》というは『大経』の説のごとし」の「説」を受けた。釈尊は『観経』において浄土の要門として諸行を広開し、阿弥陀仏の本願がそこに顕彰されてある。顕彰ということが大切である。直接本願を説かずに、顕彰してある。広開されたる秘密である。顕はあらわれている。彰はあらわそうとする。眼あるものは見よ、である。顕彰ということが『観経』にある。

　これから推すと、『小経』にも顕彰を考えることができるというのが親鸞聖人の御精神である。顕彰というところに、『観経』『小経』二経は方便であり、本願を顕彰しようという形で示す。念仏と諸行だから、二尊二教である。

『大経』は二尊一教

　それに対して『大経』は二尊一教であり、広開法蔵である。『観経』で顕彰されたものを広開する。親鸞聖人が『教行信証』で『大経』の大意を示されたのは、善導の『観経』の大意釈を受けて、明らかに宗体を示されたのである。『観経』の方は、観仏三昧と念仏三昧を宗とするので、一経両宗である。『大経』は本願を説くから真実であるのは内容であり、形式的には二尊一教である。

「正信偈」も『大経』によって制作された部分は『大経』の大意の精神を含む。「如来所以興出世（如来、世に興出したまうゆえは）」は釈迦、それ以前は弥陀である。前半は「釈迦《しゃか》、世に出興《しゅっこう》して、道教を光闡《こうせん》して、群萠《ぐんもう》を拯《すく》い、恵《めぐ》むに真実の利をもってせんと欲《おぼ》してなり」（『教行信証』聖典一五二頁）の意義を表し、後半は「如来……世に出興《しゅっこう》したまう所以《ゆえ》は、道教を光闡《こうせん》して、群萠《ぐんもう》を拯《すく》い恵むに真実の利をもってせんと欲《おぼ》してなり」（『大経』聖典八頁）の意義をあらわすのである。

　前半というのが、やはりまた二段となる。「法蔵菩薩因位時」から「重誓名声聞十方」までと、「普放無量無辺光」（「正信偈」聖典二〇四頁）以下とである。「本願名号正定業」（同頁）は、それを結んである。初めの方は、阿弥陀仏の因位をあらわした。法蔵菩薩として如来因位を明らかにした。弥陀の因位を説いた。因位の仕事は本願を起こすということである。

因位の本願と果成の光明

「普放無量無辺光（あまねく、無量・無辺光）」は、正しく弥陀である。因位に対しては果成である。如来の果成は、光をもって代表する。因位は本願であり、果成は光明である。これは仏を示す。それを結んで、本願・名号ということが出る。仏の因位は法蔵菩薩であるが、本願より他にない。弥陀も光明の他にない。本願と光明の他に人格的実在はない。本願・光明の上に仏を立てる。

それに対して名号は法であり、法は我われをして仏に成らしめる。曇鸞大師によると、これは他力をあらわす。『浄土論』によると、仏本願力である。本願力と仏力である。光が仏力であり、仏事を為す。それを曇鸞大師は他力と示された。本願・光明は他力である。仏は他力を示す。他力によって仏に成らしめられるのである。他力は因縁であり、因縁は仏因縁である。名号は仏因縁法である。他力においては名号が仏因縁法である。これは仏に成らしめる法である。

他力の「力」は、因縁をあらわす。人格の力ではなく、法の力をあらわすのである。因縁以外に力はない。因縁以外に力があると思うのは、思いとしてあるだけである。力というものが、なかなか見つからない。本当の法がわからないと、法以外に力を思い、そういうものに頼る。経済や政治や物質というようなものに力があるように思う。因縁こそ力である。

無性菩薩の言葉の中に、「諸法因縁の威力」とある。光明のことを威神力と言うが、親鸞聖人は「加威力《かいりき》」（『教行信証』聖典二一一頁）ということを言っておられる。外から加えられた力である。大悲広慧力は本願力である。これは、仏本願力を本願力と仏力と二度読んだのである。因も縁も力をもつ。それで因縁と言う。本願は因であり、光明は増上縁である。因縁が力である。仏因縁という言葉の基づくところは、『十二門論』の「第一義諦とは諸仏因縁の力なり」である。それから言えば、仏法は仏の自覚内容、すなわち仏の証《さと》った法であるが、それは仏に成らしめる法である。

仏法は、仏所証の法であると同時に、仏所説の法という意味である。仏所証の法という意味で仏法と言い、仏所説の法という意味で仏法と言う。所証の法は仏の得た法であるが、その他になぜ所説の法があるかと言うと、いまだ仏でないものを仏に成らしめんがためである。自ら仏に成り、また仏に成らしめる。仏法は所証からは自利であり、所説からは利他である。こういう意義をもつ。

だから、仏因縁法は仏をして仏たらしめた法である。仏に成らしめる法において自分も仏に成り、他も仏に成ることを証明した。それが仏法である。因縁法ということは、我われにはわからないことであるが、自ら仏に成った法であり、他を仏に成らしめる法である。自も他も仏に成らしめる法、それが仏法である。因縁というのは「しむる」ということである。仏に成らしめられないのに、無理に成るのではない。追い込んで仏にするというのではない。キリスト教では十字架というようなことを言い、正義をもって審判し、愛をもって救う。これは無理である。

我われが仏に成るのは、成らしめられて成る。こういう意味で、成らしめる力の因縁を、本願・光明と言う。はたらくのは何を体としてはたらくかと言うと、名号を体としてはたらく。こういうように、弥陀の因果を述べて、名号というところで結んである。本願の仏法を示されたのであると思う。本願や光明がどこにあるかと言うと、南無阿弥陀仏にある。本願や光明、つまり他力は、全法界に満ち満ちているものである。世界は本願・光明以外にはないが、全法界に満ち満ちている世界に触れるのは、全法界によってではない。南無阿弥陀仏によってである。南無阿弥陀仏によって、全法界に満ち満ちたものに触れる。

名号を離れて本願や光明を考えれば、思弁になってしまう。理性でもって本願や光明を考えれば、思弁的な理念になってしまう。本願や光明は思弁するものではない。本当の現実の力である南無阿弥陀仏によって絶対現実に触れる。本願や光明は絶対現実の感得である。

本願・光明・名号は三つの根本概念

本願・光明・名号は、『大経』に示された三つの根本概念であると思う。本願・光明・名号は、仏教の歴史が立てた観念ではない。仏教があって生まれてきたのではない。本願・光明・名号は誰の言葉でもない。むしろ、仏教がその中から生まれてきたのである。人類的概念である。どちらかと言うと神話的な概念であって、教理学的な概念ではなく、人類とともに古い概念である。その意味でジャータカ的、本生譚である。メルヘン（Märchen）、童話である。本生説話、説話的概念である。つまり物語的概念である。

これは教・行・信・証、往・還、因・果という言葉とは違う。これらは仏法から生まれた言葉である。本願・光明・名号は、仏法を生み出した言葉である、名号は行だと、我われは習慣的に思っている。名号に行を見出すのであって、頭から名号が行なのではない。本願があるから、名号が行になるのである。本願・光明・名号は経典的概念であり、教・行・信・証、往・還、因・果は論の言葉である。これは教学の問題であり、自覚道をあらわす言葉である。我らの教学をあらわす。それが仏法の組織である。本願・光明によって、仏法が名号として答えられている。往・還、因・果、教・行・信・証は我われの問題である。その我われの問題が、我われを超えて解かれている。それが本願・光明・名号である。本願がなければ、理性で解かねばならない。だから、親鸞聖人は竊《ひそ》かに以《おもん》みられた。往・還、因・果、教・行・信・証は、謹んで案じられた。

『大経』に依って説かれている一段の中心は、本願・光明・名号である。名号は「総序」の中では嘉号と言い、「行巻」には尊号と言われる。これは、「果号」（『教行信証』聖典一八五頁）と言うこともある。号は果をあらわす。果の徳をたたえて、嘉や尊という字を使う。諸仏によって称讃された名号という意味である。名というときには第十八願、号の方は第十七願をあらわす。名は第十八願をもって南無阿弥陀仏をあらわす。「本願名号正定業（本願の名号《みょうごう》は正定《しょうじょう》の業《ごう》なり）」と言われるのは、本願によって選択され、また回向された名号ということである。本願を名で受け、光明を号で受ける。『大経』に依って述べてあるのは、『大経』を生み出した世界である。

本願・光明で浄土をあらわす。これは如来浄土の因果である。本願や光明は浄土の言葉である。浄土の言葉を記すのが経典であって、本願や光明は穢土にはない。仏の自内証である。立てたものではない。名号は立てたものであり、我らの念仏となるものである。如来浄土の因果によって我われの因果が答えられている。念仏と言ったときに、穢土に触れる。浄土をもととして念仏を立てる。浄土から念仏を立て、その念仏によって衆生を仏の世界に目覚ます。浄土の仏法を念仏と言う。念仏のあるところに浄土がある。念仏として浄土が行じている。念仏において浄土が行証される。内には本願を選択し、外には念仏が成就してある。

浄土というのは荘厳と言うが、荘厳の全体を光明で代表する。念仏は回向と言う。浄土は、如来の本願が成就した世界である。本願・光明をもって如来浄土の因果をあらわす。その浄土をもととして念仏が立てられた。浄土は一切衆生をして往生浄土せしめる。仏法を行う一つの場所として、浄土の願を立てられた。

その浄土に衆生を導く法として名号が成就されたのが『大経』の上巻である。釈迦によって述べられてあるのは本願成就である。「如来所以興出世　唯説弥陀本願海」は二尊ということであるが、弥陀の願意というものを示してある部分は上巻であり、釈迦の教意は本願の成就によって教えの意義をあらわす。

「南無不可思議光」から「法蔵菩薩因位時」という移り変わりは、「帰命無量寿如来　南無不可思議光」を体として、弥陀の因位である法蔵菩薩としての因位が述べられるのである。「帰命無量寿如来南無不可思議光」の因位である。

本願・光明は南無阿弥陀仏の経歴

これは次の和讃に照らすと明らかになる。「南無《なむ》不可思議光仏　饒王仏《にょうおうぶつ》のみもとにて　十方浄土《じっぽうじょうど》のなかよりぞ　本願選択《せんじゃく》摂取《せっしゅ》する」（『浄土和讃』聖典四八三頁）。これに合わせると、「帰命無量寿如来　南無不可思議光」が「南無《なむ》不可思議光仏」、「法蔵菩薩因位時　在世自在王仏所　覩見諸仏浄土因　国土人天之善悪　建立無上殊勝願　超発希有大弘誓　五劫思惟之摂受　重誓名声聞十方」（「正信偈」聖典二〇四頁）までが「十方浄土《じっぽうじょうど》のなかよりぞ　本願選択《せんじゃく》摂取《せっしゅ》する」にあたる。

「普放無量無辺光」以下は次の和讃に示される。「無碍光仏《むげこうぶつ》のひかりには　清浄《しょうじょう》歓喜《かんぎ》智慧《ちえ》光　その徳不可思議にして　十方諸有《じっぽうしょう》を利益《りやく》せり」（『浄土和讃』聖典四八四頁）。南無不可思議光仏の因位は南無阿弥陀仏の因位である。人は法において仮立する。南無阿弥陀仏以外に法蔵菩薩や阿弥陀仏があるわけではない。「帰命無量寿如来　南無不可思議光」が自己を反省して「法蔵菩薩因位時（法蔵菩薩《ほうぞうぼさつ》の因位の時）」と言う。

これは親鸞聖人が語っておられることではあるが、実は親鸞聖人は聞いておられるのである。南無阿弥陀仏が南無阿弥陀仏自身を語る。それが『大経』である。釈迦が、と言うのは外から言うので、内から言えば法自身が自己を展開している。これが内面の意義である。『大経』の後から名号が出たのではなく、名号が『大経』に編纂された。名号は釈尊の作ったものではない。南無阿弥陀仏は、初めにして終わりである。

だからこういう点で、親鸞聖人が「本願を説きて、経の宗致《しゅうち》とす。すなわち、仏の名号《みょうごう》をもって、経の体《たい》とするなり」（『教行信証』聖典一五二頁）と言われる。名号は経体である。我らがそれに帰命すれば、名号をもって我らを招喚し摂取したまう。その摂取したまうところの如来が「法蔵菩薩因位時」と言われる。南無阿弥陀仏が自己を語る物語、法の物語が『大経』である。

親鸞聖人は「正信偈」の後で「文類偈」を作っておられるが、そのときには「西方不可思議尊《さいほうふかしぎそん》」（『略文類』聖典四一〇頁）という一句をあらわしておられる。南無や帰命を除いたのは、「西方不可思議尊」が南無や帰命それ自体をあらわすからである。如来と言っても、如来に触れるところは南無阿弥陀仏である。「文類偈」の中に「思惟摂取経五劫（思惟摂取《しゆいせっしゅ》するに五劫《ごこう》を経《へ》たり）」（同頁）とある。「文類偈」と「正信偈」は依経分のところが非常に違うが、「文類偈」になると、因を果に略する。『広文類』の広というのは、広は果から因を開くということである。『略文類』の略というのは、捨てたのではなく包んだのである。果の中に因を略する。「西方不可思議尊《さいほうふかしぎそん》」（『略文類』聖典四一〇頁）ということが、南無・帰命を証明している。因というときには必ずしも果はないが、果というときには必ず因がある。果が成就したときには、因を成就している。因が果を成就するという意味もあるが、果とは因を成就するものである。果は因が成就したものということもあるが、同時に因を成就するものである。それで、果に約して「西方不可思議尊」と言う。

初めの二行がそうであるように、次も果を広く述べてある。「思惟摂取経五劫　菩提妙果酬上願満足本誓歴十劫（思惟《しゆい》摂取《せっしゅ》するに五劫《ごこう》を経《へ》たり。菩提《ぼだい》妙果《みょうか》、上《かみ》の願に酬《こた》えたり。本誓《ほんぜい》を満足するに十《じっ》劫《こう》を歴《へ》たり）」（『略文類』聖典四一〇頁）。果は因を満足している。「歴十劫」。「正信偈」では、五劫は出るが十劫は出ない。ここでは、経と暦という字が出ている。これは歴史、ヒストリー（history）ということである。書いたものになる。経歴ということがよい。履歴ということもある。南無阿弥陀仏の経歴を南無阿弥陀仏が語っている。本願・光明は、南無阿弥陀仏の経歴である。『大経』は南無阿弥陀仏の経歴を記録した文献であり、本当の証文である。南無阿弥陀仏の歴史の唯一無二の証文である。これは七高僧の証文に先立つ証文である。

四十八願は広開法蔵

そこで「正信偈」では因の方として、「重誓名声聞十方」と、本誓とともに重誓が挙げられてあり、その先駆として「在世自在王仏所　覩見諸仏浄土因　国土人天之善悪（世自在王仏《せじざいおうぶつ》の所《みもと》にましまして、諸仏の浄土《じょうど》の因、国土人天の善悪を覩見《とけん》して）」の三句を述べられる。これによって選択本願ということをあらわす。「無上殊勝願」「大弘誓」は四十八願であり、「重誓」は三誓である。まず四十八の内容をもって本願をあらわしてあるが、さらにそれを三誓に要約した。それが重誓である。四十八願は開いた。三誓は合した。本願を開合してその意義を明らかにされたことが述べられている。

四十八願は何をあらわすか。『大経』より古い『平等覚経』『大阿弥陀経』は、二十四願である。しかるに正依の経典である『大経』は、四十八願である。この願の展開は経歴の言葉であるが、理性的にはわからない。無理にわかろうとしてもわかるものではない。南無阿弥陀仏の経歴を語っているものであるからである。しかし、わからないからと言って捨てられない。自分の作ったものなら捨てられるが、そうでないものを捨てる権利はない。ただいただくだけである。いただけないものは、保留するより仕方がない。

一つの本願が二十四、四十八に開く意図は何であるか。二十四が四十八になったのは、歴史的展開である。体は南無阿弥陀仏であり、南無阿弥陀仏のもつ意義をあらわすのが二十四、四十八である。南無阿弥陀仏は仏法を超えているが、南無阿弥陀仏の中に仏法を見出してきた歴史を語る。親鸞聖人は『大経』の大意を「弥陀《みだ》、誓《ちか》いを超発《ちょうほつ》して、広く法蔵を開きて」（『教行信証』聖典一五二頁）と述べられる。四十八願は広開法蔵ということである。広開法蔵とは、法蔵菩薩の名前の所以を語るということである。弥陀の因を法蔵菩薩と言う。法蔵菩薩の名の所以は、広開法蔵である。広開法蔵によって法蔵菩薩が生まれた。法蔵菩薩が生んだものではなく、法蔵菩薩がそこから生まれたのである。

広開法蔵は四十八願である。四十八願が法蔵という意義をもっている。四十八という数は、法蔵をあらわしている。経文を見ると、広開という字が一まとまりで出ているのではない。「為衆開法蔵、広施功徳宝（衆《しゅう》のために法蔵《ほうぞう》を開きて、広く功徳《くどく》の宝を施《せ》せん）」（『大経』聖典二五頁）。親鸞聖人が「教巻」の御自釈で「広開法蔵」と言われたのは、これに基づくものである。さらにそこに「選」という字を入れて、改めて「選びて功徳の宝を施《せ》する」（『教行信証』聖典一五二頁）とされたのである。

開は蔵に対して言う。異訳の経文である『無量寿如来会』の経文に照らすと「重誓偈」に「かの貧《びん》窮《ぐ》において伏蔵《ふくぞう》とならん」（『教行信証』聖典一五八頁）と言われている。「伏蔵」と言われている。ここで「伏蔵」と言われているのは、如来蔵という意味の蔵であって、阿頼耶の蔵識と言われる蔵ではない。『十地経』の中に金剛蔵菩薩と言われているときの蔵と同じである。如来蔵の場合は所蔵、能蔵、隠蔵（『仏性論』）である。隠蔵と言うが、隠伏の意味である。この意味で蔵ということを言う。叩けよ、さらば開かれん。歴史が南無阿弥陀仏を叩いた。本来あるけれども、叩くまでは隠伏している。

隠伏しているものを開く。開けばこれで終わりということはない。それで広く開くと言う。法蔵が終わるときは、人類の終わるときである。仏法に教えられる人がいなくなった。つまり、人類に問題がなくなったときである。マルクスのように、革命の前夜などという気の短いことは言わない。尽未来際である。人類の終わりに仏法の終わりを置いている。知己を千載に待つくらいではだめである。

理性的なものは終わりを告げる。歴史的なものは終わりを保留する。法に直接手をかけるのが理性である。そうではなく、法を我われの側に付ける。これまで教えられてきた、それが歴史である。法は無涯底のものだが、その中からこれまで教えられてきたということである。

仏道と菩薩道

二十四、四十八の意義を語られたのが、曇鸞大師である。曇鸞大師の事業を完成したのが『教行信証』、親鸞聖人である。曇鸞大師は往還、二願的証ということを言われた。龍樹菩薩は、第十一願と第十八願を見出された。第十一願に初めて触れられたのは、龍樹菩薩である。その他に第二十二願を見出されたのが、曇鸞大師である。それでほぼ完成した。

　龍樹菩薩にとっては、念仏するのは成仏のためである。浄土の意義を、本願成就に立って初めて明らかにされた。成就に立つことが龍樹菩薩から始まった。疾と言う。「もし人《ひと》疾《と》く不《ふ》退転地《たいてんじ》に至らんと欲《おも》わば、恭敬心《くぎょうしん》をもって執持《しゅうじ》して名号《みょうごう》を称すべし。もし菩薩《ぼさつ》この身において阿《あ》惟越致《ゆいおっち》地《じ》に至ることを得《え》、阿耨多羅《あのくたら》三藐三菩提《さんみゃくさんぼだい》を成らんと欲《おも》わば、当《まさ》にこの十方諸仏を念ずべし」（『教行信証』聖典一六五頁）。難易と言うが、それは阿惟越致の問題であり、無上仏道の問題である。仏道から出発している。いかにして仏道を成就するか、に応えたのが浄土である。第十八願に先立って第十一願がある。本願成就に先立って本願を解釈する。これの先駆が龍樹菩薩である。不退というところに第十一願がある。

　曇鸞大師は、十一願に始まり第二十二願をもって完成される。第十一願は仏道の問題であり、第二十二願は菩薩道の問題、念仏は仏道を成就せしめるのみならず、菩薩道を成就せしめる。第十一願は往相、第二十二願は還相である。

　親鸞聖人はこれを受けて『教行信証』で完成された。この本願の体系が法蔵ということである。法蔵というのは仏法の問題である。いかにして仏法を成就するかという問題を開かれた。三願をもって四十八願の意義を明らかにされたのが、曇鸞大師である。それを八願をもって明らかにされたのが、親鸞聖人である。

　真実も方便も機も、あらゆる仏教学の問題が念仏の中にあることを見出された。本願が四十八であるのは、それによって仏法を尽くすということである。往還と言うが『浄土論』から見れば自利利他であり、二十九種荘厳もその次第は自利利他である。自利利他は人生問題を要約したものである。

人生には自利利他の道がない。しかし、それがなければ人間は完成しない。仏道によって初めて、自利利他の問題が答えられた。自利利他が法蔵である。こういう意義をあらわす。自利利他の問題を初めて責任をもって完成されたのは、曇鸞大師である。それで「他利利他の深義《じんぎ》」（『教行信証』聖典二九八頁）と言う。

一般には自利利他・共利群生と言うが、それではわからない。自利利他は矛盾概念である。やってみるとわかる。そこに人生問題を象徴している。個人の問題と社会の問題との矛盾である。社会を救おうとすれば自分は救えないし、自分を救おうとすれば社会を救うことができない。他を立てれば自分は犠牲になり、自分を立てれば他は犠牲になる。民主主義の精神から見れば、共産主義は没我である。つまり、自己を物質にしなければならない。近代精神に触れ、ひとたび自我に目覚めた者は、共産主義になかなか行きにくい。自利利他は問題的に人生を象徴している。因果、往還、教行信証という仏道の問題よりもっと根元的な問題、人間存在の問題が自利利他である。

曇鸞大師は、無上菩提心を願作仏心と押さえられる。自利利他は菩提心の問題である。四弘誓願では「衆生無辺誓願度」と言うように、菩提心は利他から始まる。しかるに親鸞聖人は、浄土に触れたがゆえに菩提心を願作仏心と言われる。浄土に触れたがゆえに、度衆生心を言わないのである。回向の信心は願作仏心であり、度衆生心であるとは言わない。これは声聞の自利ではない。声聞の自利と考えるのは、利他と他利との区別がないからである。利他によって自分が自利すれば、人が自利する。それが他利である。他利とは急ぎ念仏することである。

『大無量寿経』の今現在説法

「無量寿《むりょうじゅ》如来に帰命し」から「必至《ひっし》滅度《めつど》の願成就なり」までの一段は、本願を阿弥陀の因位として法蔵の名であらわし、本願成就の光は弥陀であらわす。弥陀の因果が語られている。因位を法蔵と言い、果位を弥陀と言う。そこに仏というものが示されている。南無阿弥陀仏における仏の因果の徳が示されている。それに対して「本願名号正定業」は法の徳が示されている。それを受けて、「如来所以興出世　唯説弥陀本願海」は、上の全体を「本願海」におさめたのである。

「応信如来如実言」は、最後の「唯可信斯高僧説」に対応している。これは「正信偈」の前に「大《だい》聖《しょう》の真言《しんごん》に帰し、大祖《だいそ》の解釈《げしゃく》に閲《えっ》して」とあるから、その点から前半は大聖の真言であるところの『大経』に依って制作され、後半は三国の七祖の論釈によって制作されたことがわかる。

大聖については「大聖の真言」と言うように「真言」と言う。高僧については「高僧説」と言うように「説」と言う。「説」は言説であり「仰せ」である。それを信ずべしと言ってある。信を勧めるわけである。「大聖」と「大祖」で『大経』の伝統を示す。『大経』ならびにその解釈である。解釈と言っても頭で解釈するのではなく、『大経』の教説をいただいた体験を通して明らかにされている。教えに教えられた歴史である。

歴史があるということが、『大経』が今現在説法であることを語る。歴史のないときには、経典は滅んだのである。ものでも本でも後継者のないのは滅んだことである。後継者は、先駆者がまことであることを証明するものである。『大経』の真実は、歴史が証明している。歴史なしに証明ということはない。

だから、『大経』の歴史を語る。『大経』の歴史、これは人というものである。大聖にしても大祖にしても人である、人というところに法の歴史がある。『大経』が成立しているのは、法があるからである。法があって『大経』が成り立っているが、その法とは本願の念仏である。それが歴史となったことを『大経』自身が証明し、さらに大祖の解釈が証明している。

『大経』の歴史は、本願の歴史である。『大経』は、本願の歴史の文献である。人というのは、「正信偈」が「行巻」に置かれていることから考えると諸仏である。人を阿弥陀仏の本願にかえして見ると、諸仏ということになる。本願の歴史を成り立たせている本願を、第十七願と言う。親鸞聖人は「正信偈」をお書きになって、その歴史の中に御自身も召された。自らをその中に見出し、また他に勧めているのが「正信偈」である。

本願を最初に自ら証明したのが阿弥陀仏

「応信如来如実言」は大聖の真言のまん中に出ている。大聖の真言は依経分と言うが、これは、後の「唯可信斯高僧説」に応じている。「応信如来如実言」は『略文類』で見れば、「唯信釈迦如実言

（ただ釈迦《しゃか》如実《にょじつ》の言《みこと》を信ぜよ）」（聖典四一一頁）という言葉に代わって、依経分の終わりに置かれている。ちょうど「唯可信斯高僧説」が最後に置いてあるように、「文類偈」でも最後に置いて整えてある。

大聖の真言と大祖の解釈である言説に、我らの信を勧めている。まず大聖、大祖の言説によって法をたたえ、たたえた法に我らの信を勧めている。法は南無阿弥陀仏、それに我らの機を勧めてある。法というのは仏法である。

依経分でも「如来所以興出世」以下は、正しく勧信という意義をあらわす。よき人の仰せに勧める。大聖大祖はよき人、その言説である仰せに勧める。それまでは、よき人の仰せの内容がたたえてある。「法蔵菩薩因位時」から「一切群生蒙光照」（「正信偈」聖典二〇四頁）までは本願の仏を示す。「本願名号正定業」は仏の法を示す。これは大聖の真言の内容であるのみならず、大祖の解釈の内容でもある。

仏と言っても、人格的存在ではない。釈尊七祖は人格であるが、しかし法蔵や阿弥陀は、人格と言っても法の徳であろう。法の徳以外に人はない。阿弥陀仏があってそれが光を放つのではなく、放つ光を阿弥陀仏と言う。法蔵菩薩が本願を起こしたと言うが、立てられた本願によって菩薩を法蔵と言う。本願を起こされた徳を法蔵と言う。別に人格的実在というものではない。

結局、これは南無阿弥陀仏の因果である。南無阿弥陀仏が本願を立てましまして、南無阿弥陀仏となりまします物語である。「帰命無量寿如来　南無不可思議光」の物語、それが『大経』である。仏

について も、本願を起こし、本願が光として成就する。我らのために起こされた本願のもっている徳を光と言う。

我らのために起こされたかどうかは、法蔵菩薩に聞いてみなければわからない。それがどういう意味をもつかということは、どういただくかということしかない。そうすると、本願は我ら人類のたすかるべき意義をもっているから、我らのためとなる。そういう御苦労を称讃する。

本願によって成仏した。本願を一番初めに自ら証明したのが、阿弥陀仏である。未来の人類のたすかるべきことを、まずたすかってみた。自己の本願によって自己が救われた。それを経文では「於今十劫」（『小経』聖典一二八頁）と言う。「文類偈」の方ではくわしく「歴十劫」（『略文類』聖典四一〇頁）と言われる。「正信偈」では「五劫思惟」（聖典二〇四頁）になっている。

我らのたすかるべき本願は、すでに見出された。すでに、ということをあらわすのが「於今十劫」である。今すでに、ということをあらわす。見出され、かつそれが証明された。見出すのを五劫思惟、証明するのを十劫と言う。我らのたすかるべきことを、身をもって証明した。

「巧《ぎょう》方便《ほうべん》回向《えこう》」（聖典一四三頁）ということを『浄土論』が語るが、それを解釈するのに、曇鸞大師は「後其身而身先（その身を後《のち》にして、身を先にする）」（『教行信証』聖典二九三頁）と言われる。仏が本願を起こす場合に、まず一切衆生をことごとく滅度せしめよう、と自分を後にする。一切衆生の成仏をもって、自分の成仏とする。ところが、自分を衆生の後にして本願を起こす菩薩が、本願によって先にたすかる。これは「汝の本願、汝を救う」というわけである。自分の見出した本願によって、まず自分が救われる。

「本誓《ほんぜい》を満足するに十劫《じっこう》を歴《へ》たり」（『略文類』聖典四一〇頁）とは、衆生に先立って自分が救われたのである。自分の見出した本願の間違いないことを、自ら証明した。それが阿弥陀仏である。それを「一切群生蒙光照」までのところで述べてある。法蔵の見出した本願は、法蔵を阿弥陀仏にする意義をもつ。その意味で、法は仏が仏に成った法である。阿弥陀仏を阿弥陀仏たらしめた法である。

しかしそのことの中に、我らを仏にするということが証明されている。仏法は仏の証《さと》った法であり、仏を仏にした法である。同時に我らを仏にする法である。本願は、阿弥陀仏を阿弥陀仏にせしめた法であるとともに、我らを仏たらしめる法である。それが仏法である。我らを仏たらしめるということにおいて、本当に初めて仏法と言える。そのことを「本願名号正定業」ということで述べてある。

ここは衆生往生の因果と言われているが、仏法ということではっきりする。初めは仏を述べ、さらに法を述べてある。阿弥陀仏という仏によって証明された法が、また我らを阿弥陀仏に入らしめるということが述べられている。本願の仏法である。それを受けて、釈尊が世に出興してそれを示され、本願を通して釈尊の本当の意義を明らかにした。「如来所以興出世」以下は、仏法を説かれた釈尊の仰せに勧める意義をもつ。

まず法をとらえ、それから機の信を勧める。法の徳をたたえ、それに対して我らの信を勧めてある。法は念仏、機は正信、つまり正信念仏ということである。「正信念仏偈」は、正信・念仏という形でできている。まず正信すべき法を明らかにし、その利益を述べて信を勧めてある。

如来浄土の因果

「法蔵菩薩因位時」以下「重誓名声聞十方」は、大聖の真言であるから、『大経』に基づいて述べてある。因を示す、つまり南無阿弥陀仏の因位を示す。本願、発願の物語を『大経』の教説に従って述べてある。「普放無量無辺光」以下「一切群生蒙光照」は、南無阿弥陀仏の果である。

だから、如来浄土の因、如来浄土の果と言ってもよい。如来の因果である。それが『大経』の上巻の内容である。だから、初めの因の方は「建立無上殊勝願　超発希有大弘誓（無上殊勝《しゅしょう》の願を建立《こんりゅう》し、希有《けう》の大弘誓《だいぐぜい》を超発《ちょうほつ》せり）」の二句が中心である。この二句は、四十八願を述べてある直前の「超発無上殊勝之願」（『大経』聖典一四頁）という言葉と、三誓偈の「我建超世願」（同二五頁）という言葉から出ている。

『大経』の和讃に「南無《なむ》不可思議光仏　饒王仏《にょうおうぶつ》のみもとにて　十方浄土《じっぽうじょうど》のなかよりぞ　本願選択《せんじゃく》摂取《せっしゅ》する」（『浄土和讃』聖典四八三頁）が「法蔵菩薩因位時」から「重誓名声聞十方」までの意義をあらわし、「無碍光仏《むげこうぶつ》のひかりには　清浄歓喜《しょうじょうかんぎ》智慧《ちえ》光　その徳不可思議にして　十方諸有《じっぽうしょう》を利益《りやく》せり」（同四八四頁）が「普放無量無辺光」以下「一切群生蒙光照」までの意義を語る。

「南無《なむ》不可思議光仏　饒王仏《にょうおうぶつ》のみもとにて」を「正信偈」では「法蔵菩薩の因位の時」と言ってある。「南無不可思議光仏」と一句で、「正信偈」の「帰命無量寿如来　南無不可思議光　法蔵菩薩因位時」の三句をあらわす。これは『大経』の勝因段の経文に従って述べてあるが、それに続いて「在世自在王仏所」以下の三句が置いてある。後には「五劫思惟之摂受」の一句が置かれてある。

仏の本願に我らを見出したのが法蔵

法蔵が四十八願を起こされる。自分で勝手に起こされたのではなく、世自在王仏のみもとにあって、「諸仏の浄土の因、国土人天の善悪を覩見して」起こされた。世自在王仏の説法を聞いて、本願を起こされたことを語る。親鸞聖人はそう書いてあるからではなく、そこに深い意義を見出された。法蔵菩薩にも師があった。阿弥陀仏以前にも仏があった。阿弥陀仏は仏だが、仏もやはり仏から生まれた。その仏の先はわからない。「乃往過去、久遠無量　不可思議　無央数劫」（『大経』聖典九頁）と言ってあるが、先がない。一番先の仏などということは考えない。どこまでさかのぼっても、仏は仏から生まれたのである。

これは、仏には因位があるということを語る。天下りではない。人間に対して初めから縁もゆかりもないまったく他者である仏が、我らに接してくるのではない。仏に因位がある。仏の因位は衆生である。仏は衆生から出たもの、衆生から出発したものである。だから法蔵と言う。我らが今日、阿弥陀仏の本願に救われるというが、救う本願と我らの出遇いは偶然ではなく、約束されている。本願を起こされたときから約束されているということをあらわす。そういうことが、本願の本ということであろう。まったく知らない本願を聞くのではない。そういうことには感動はない。

しかし、同じものだと言っても、自分から演繹されるものには感動や感激はない。と言って、まったく他のものなら驚くかも知れないが、感激はない。

自己から演繹される世界は理性の世界であり、そこには遇うということがない。しかし、まったくの他者でも感激はない。遇ったのは今だが、遇ってみたら初めから遇うべく約束されていた。仏の本願にかえって我らを見出す。浄土にかえって衆生の故郷を見出す。他の中に自を見出す。そこに感動がある。遇い難くしてすでに遇ったという感動がある。如来には因位がある。その名を法蔵と言うが、法蔵という名が我らと結びつけられている。

人類の深い歴史の内面に流れている大きな祈りを見出してきたのが、本願である。本願に縁を与えた、本願を具体化した人間像、それが法蔵菩薩である。人類が自分の人間像を発見した。『大経』が我われにとって大切な意味をもつのは、法蔵菩薩という人間像を見出したことである。これはどこにもない。学問的に言えば、阿頼耶識や如来蔵と言う。

阿頼耶識や如来蔵というのは人間観であり、人間観に先立って人間像がある。それは具体的なものである。人間像というのは、それによって我われ人間が本当の意味の自分に遇うもの、根元的な意味で自分に遇うことのできるものである。近代の言葉で言えば、ニーチェのユーバーメンシュ（Übermensch）、超人に相応する。キリスト教ではキリストに相応する。キリストは神人、人にして神であると言う。仏教では菩薩と言う。人間が人間を超えて人間を見出してきた。如来の因位として見出してきた。無意味に流転しているのではない。

一如を通して、流転の内面を見出してきた。それが願である。その願に一つのビルト（Bild）、像を与えたのが法蔵菩薩である。これがいかに大きな事業であったかを、この一段が語る。

師弟は菩提心の社会関係

世自在王仏の説法を通し、後に五劫に思惟したということは、思想的事業を語る。如来の因位は、人間の世界であり、そこに世自在王仏と法蔵菩薩という師弟の関係があった。求道者は、菩提心を具体化したものである。菩提心から人間を見たときに、修道的と言う。仏教では、人間を実存的存在にするものを菩提心と言う。『大経』では「無上正真道」（聖典一〇頁）と言い、あるいは善導大師は「白道《びゃくどう》」（『教行信証』聖典二一九頁）と言う。人間を存在と言うが、ただ存在というような、ザイン（Sein）というものではなく、人間の存在を道にする。

人間が道というあり方にかえる。人間は一つの道である。どうしても自分を超えなければならない。自分を超えて自分にかえる。そういう原理が菩提心である。まず法蔵の菩提心を語り、菩提心の内面を磨いて本願を明らかにしてきた。菩提心が菩提心自身を言い当てた。菩提心の社会関係を師弟と言う。

今ごろの教師と学生ではない。「たとい、法然聖人《ほうねんしょうにん》にすかされまいらせて」（『歎異抄』聖典六二七頁）という関係は出てこない。仏教が興ってこないと、師弟は成り立たない。師弟道は人間の関係に違いないが、法に基づいている。だから絶対関係である。親鸞聖人は「仏弟子」という自覚を「信巻」に語られる（『教行信証』聖典二四五頁参照）が、それを証明するのに『安楽集』の「『大集経《だいじっきょう》』に云《のたま》わく、「説法《せっぽう》の者《ひと》においては、医王の想《おもい》を作《な》せ、抜苦《ばっく》の想《おもい》を作《な》せ。所説の法をば、甘露《かんろ》の想を作せ、醍醐《だいご》の想を作せ。それ聴法《ちょうぼう》の者《ひと》をば、増長勝解《ぞうじょうしょうげ》の想《おもい》を作《な》せ、愈病《ゆびょう》の想を作せ。もしよくかくのごとき説者・聴者《ちょうしゃ》は、みな仏法を紹隆《しょうりゅう》するに堪《た》えたり」（同二四六頁）という厳粛な経文を引いておられる。

その次に、『大智度論』の「仏はこれ無上法王なり、菩薩《ぼさつ》は法臣とす」（『教行信証』聖典二四六頁）の有名な文を引いておられる。仏と菩薩は、絶対関係である。人間の関係であるが、人間的に関係するのではない。相対的なものに、絶対的に関係するのである。善知識というのは、そういう意味である。世自在王仏は、法蔵菩薩にとって応身である。親鸞聖人にとっては、法然上人は応身であり、宗教的天才ではない。仏法の師弟は、同一事業に参加する。主人と奴隷ではない。人と人との関係が歴史的社会的である。それが仏法の興隆ということである。多くの人は社会や政治は公で信仰は私的と言うが、信仰のみが私的を超える。自分の存在の根拠が、自分ではなくなるからである。

汝自当知と非我境界――信仰における問いと答え――

そこで、法蔵菩薩は自分の本願を表明するに先立って、世自在王仏のみもとで広く教法を説かれんことを願っている。「我《われ》無上正覚《しょうがく》の心を発《おこ》せり。願わくは、仏、我《わ》がために広く経法《きょうぼう》を宣《の》べたまえ。我当《われまさ》に修行して仏国を摂取《せっしゅ》し、清浄《しょうじょう》に無量の妙土《みょうど》を荘厳《しょうごん》すべし。我《われ》世において速《すみ》やかに正覚《しょうがく》を成らしめて、もろもろの生死《しょうじ》・勤苦《ごんく》の本《もと》を抜かしめん」（『大経』聖典一三頁）。聞法を通して荘厳浄土の本願を明らかにし、本願を明らかにすることによって自らも正覚を成じ、また勤苦の衆生も成仏せしめようと言っている。

それに対して世自在王仏は「汝自当知（汝自《なんじみずか》ら当《まさ》に知るべし）」（『大経』聖典一三～一四頁）と言っ

ておられる。それは自分自身の問題であり、本願は自分の命であるから、本願までやるわけにはゆかない。それは、もと誓願を発した上で何かをやることはできる。どこかへ行きたいということで、こちらへ行けと言える。菩提心において、本願は命である。願は生きていることのもとである。それはあなた自身の問題であろうと答える。そうに違いない。

ところが、そうかと言って引き下がらない。法蔵は「この義弘深《ぐじん》にして我《わ》が境界《きょうがい》にあらず。唯《ただし》願わくは世尊、広くために諸仏・如来の浄土の行を敷演《ふえん》したまえ。我《われ》これを聞き已《おわ》りて当《まさ》に説のごとく修行して所願を成満《じょうまん》すべし」（『大経』聖典一四頁）と言う。その言葉によって世自在王仏は、法蔵の志願が深広なるを知って教えをお説きになったのである。

どういう教えかと言うと、「ここに世自在王仏、すなわちために広く二百一十億の諸仏刹土《せつど》の天人の善悪、国土の麁妙《そみょう》を説きて、その心願に応じてことごとく現じてこれを与えたまう。時にかの比丘《びく》、仏の所説の厳浄《ごんじょう》の国土を聞きて、みなことごとく覩見《とけん》して、無上殊勝《しゅしょう》の願を超発《ちょうほつ》せり」（『大経』聖典一四頁）。我が境界ではない。法蔵の志願が深広であることをあらわす。師弟の問答が「汝自当知」と「非我境界」である。本願は法蔵自身の問題、にもかかわらず自己の本願を止めたのではなく、如来の説法を通して明らかにする。

説法で本願をもらうのではない。説法で本願を明らかにする。問題をもって法を聞く。問題をもたずに来るのは、間違いである。問いだけは、もたなければならない。が、来た限りは学校から出発せずに、本来のものを見出さなければならない。菩提心を見出さなければ、卒業にならない。普通の学校は、そういうことはない。職業という願を起こす。宗門の大学でも要求なしにくる。ますます悪くなり、人間を超えるのに非人間的になる。

菩提心を明らかにすることが大切である。問題は自分にあるが、自分にあることと自分で成就するということとは違う。成就すべきものは自分にあるが、成就するには他を待つ。成就した人を待つ。成就した人より、他に聞く人はいない。仏道は、仏道を成就した人の言葉しか参考にならない。先覚者を通す。だからいかなる問題でも、自分の師を見出したら、事業は九分九厘まで完成する。本当の師を見出さないと、せっかくあるものを失う。間違った指南は「群賊悪獣《ぐんぞくあくじゅう》」（『教行信証』聖典二一九頁）とまで言われる。

「汝自当知」は、念を押したのである。あなた自身の問題だということである。問題は自己自身の問題である。本当の問題をもつことである。それに対して「非我境界」は、自分の問題が自分で成就できないということである。自分を超えた問題をもつ。自分の問題が自分の能力を超えている。法蔵菩薩の本願は、法蔵菩薩よりも大きいということである。

青年の志願を老人の経験によって磨く

世自在王仏の説法を待ったということが、無上殊勝をあらわし、希有をあらわす。つまり「無上殊勝願」であり、「希有大弘誓」というのは、自分を超えているということをあらわす。自己を超えている問題を起こすなら、起こし方も超えている。それが、「建立」とか「超発」である。大きな決断というものである。これは、菩提心が菩提心自身を展開していくことを、物語の形であらわしたのである。

菩提心を我われで発し得ると考えるのが、聖道の菩提心である。それに対して、菩提心が我われをとらえる。菩提心の方が我われを見出す。それが「建立無上殊勝願　超発希有大弘誓」である。世自在王仏の説法を通して本願を深められた。私的な問題ではない。超世界的な問題である。超世の本願と言う。

それで、世自在王仏は国土人天の善悪、国土の麁妙を「悉現与之（ことごとく現じてこれを与えたまう）」（『大経』聖典一四頁）。それによって、法蔵は「皆悉覩見（みなことごとく覩《と》見《けん》して）」（同頁）。説法であるが、法を語り、法を聞いたのを、「現じて与う」と言い、「覩見」と言う。説法を現与、聞法を覩見と言う。言葉で語り、心で聞くというのではない。まざまざと、ということである。まざまざと聞いた。道理にうなずいたのではなく、直観的にあらわされ、直観的に受け取ったということである。これは、法蔵が青年であり、世自在王仏が老僧であるということをあらわす。老人同士の物語ではない。

だから諸仏浄土の因、国土人天の善悪というのは、法蔵菩薩が菩提心から本願を明らかにしようとしたということである。その本願は荘厳浄土である。浄土という問題である。国土を荘厳することによって、自らも仏に成り他も仏にする事業を完成しよう、国土という方法を通して、無上菩提の問題を解決しようということである。法蔵菩薩は、願に応ずるそういう説法を聞いた。そういう説法とは、諸仏浄土の因、国土人天の善悪である。

あらゆる世界、一切の人間の世界の苦労を重ねた人を老人と言う。辛酸をなめ尽くした人である。浄土の説法はそういうことである。あらゆる人間の世界に対する本当の理解、世自在ということがそれを語る。世に悩み世を超えて世に自在である。法蔵菩薩はその経験を聞いた。

何か道理を聞くのではない。世自在王仏はまざまざと現じて与えた。過去の経験の一切を、現在の中に見た。それで感動したのである。若い青年の志願を、老人の経験によって磨く。そして、もとになるものは法蔵が提出するし、それを純化するものは世自在王仏が与えて、それによって一つの事業が完成したのである。

諸仏の浄土と衆生の国土

誓願を超発されたことについて、世自在王仏の説法を通して起こされたことが示してあるが、国土の説法を通して、人天の善悪を観見し、国土の願を起こされたのである。諸仏浄土の因の方は因、国土人天の善悪の方は果について言うが、自ずから因をあらわす。善悪の因について善悪の果を得ているのである。経文の上では「広く二百一十億の諸仏刹土《せつど》の天人の善悪、国土の麁妙《そみょう》を説きて」(『大経』聖典一四頁)とある。果に付くが、果を通して自ずから因をあらわす。国土人天の善悪は業であろう。善悪は業をあらわす。

国土とは、業によって感得したものである。国土は本来衆生にだけあるものであり、身体に対して国土と言う。正報に対して依報と言う。身の境遇をあらわす。境遇は偶然にあるものではなく、与えられたというところに深く求めたものである。そういう自覚が業である。

それに対して、諸仏浄土の因というのは、土を浄める因であり、また浄められた土に生まれる因ということもある。土を浄めると言うと因であり、浄められた土と言えば果である。因と言うが、自ずから果というものをあらわす。浄土の因果ならびに国土の因果、浄土の方は因をもってあらわし、国土は果をもってあらわす。国土の方は業、浄土の方は行をあらわす。国土は人天をあらわし、浄土は諸仏であらわす。諸仏が国土を建立されるについて、衆生の国土を媒介とする。衆生の業によって得た国土を媒介として、その国土を浄める。こういう関係である。

国土が単にあるのではなく、みなこれは衆生に属するものである。国土は単にそれだけとしてあるのでなく、仏法に意味をもったものとしてあるのである。直接に言えば、我われの国土は釈迦仏の国土である。五濁悪世はただ五濁悪世でなく、五濁悪世に生まれ五濁悪世の衆生を成仏せしめるために、釈迦仏は世に出現する。これが釈迦の本願である。浄土も穢土も仏土であり、仏土はそれにおいて仏法の事業の行われるところである。国土は衆生の業によって得たものであるが、その意味においては生死流転の境遇を示す。浄土を浄めると言っても浄められるべき土が前提とされているが、その前提とされている土は業によって得た国土である。

国土は生死をあらわすものであり、我われがそこに生き、かつ死するところである。『成唯識論』

によれば、生死する主体について、阿頼耶識と言うが、これは内には身、外には国土をもつことである。身というものは境遇がある。境遇をもった身、これをもつことが生まれるということである。境遇をもった身が終わることが、死ぬことである。業には初めと終わりがある。変わらないものなら運命である。その意味で、業には応えるということがある。

応えるというのは償うことである。業を尽くしたときに死ぬ。いかに死のうと思っても業があれば死ねないし、いかに生きたいと思っても業がなくなれば死ぬ。我われは意識で考えると、生まれることは喜ばしいことで死ぬのは悲しいことと思うが、業から言うと、死ぬことは一つの安堵、やれやれというものである。自分に対しても他人に対しても、御苦労であったということである。

生きていることは重い。そういう感覚的自覚が業である。理論でそういうものがあると言うのではない。だから、業の因果は異熟因、異熟果と言うが、業は善悪である。それによって、果に麁妙がある。良い境遇と悪い境遇、順境と逆境である。しかし、それは無記である。業の因果について、『摂大乗論』では有受尽相と言う。受尽が有るということが、業の特徴である。業の因果に対して、諸法の因果がある。それは無受尽相である。諸法は受尽がないが、諸法の境遇を規定するのが業である。業が存在を生むのではない。存在の境遇を規定する。

我われの精神生活や肉体は、五蘊である。五蘊は我われの存在の法であり、身は無記である。存在のあり方、いつどこに誰としてあるか。ザイン（Sein）、つまり五蘊に、ダー（da）という規定を与えるものが業である。Sein は五蘊、Sein の因果は等流因果である。それに da の規定を与えるのは業である。私が今ここにいるということについて、どこから来たかと問うてもわからない。理性では答えられない問いである。「つい居る」と言わなければならない。理性から考えると何でもないことだが、それに何でもないと言うわけにはいかない意味を感じる。

「人身受け難し」という言葉があるが、理性からは受け難いも受け易いもない。感得するものである。業は理性的に証明できない。感得したものだけにある。業は自覚であって、業の自覚にだけ業はある。受尽が有るというのは、業を受け業を果たすことが有るということ、有限だということである。我われが生まれたということは、業を受けたことであり、死ぬのは業を果たしたことである。受尽が業の特徴である。

そういうような意味で、国土は生死するものだけにある。原則として仏にはないものである。その生死ということについて、二つの生死を立てる。一つは分段生死、つまり初めと終わりがある生死である。生死が無始より続いていると言うが、同じ生死が続いているのではない。初めと終わりがある。一つの生死が消えるのなら、問題はない。死ぬまでの間にまた業を作るから、本当に死んだということのできるのは阿羅漢である。

分断生死と変易生死

それで、普通はまた生死が続く。一つの異熟が終われば、また他の異熟が連続する。流転という生死は、一つの客体としてあるのではない。業という限定をもつ。流転という生死は、一貫する人間存在というものの上に成り立った規定をもつ。人間存在の上に生死が成り立つ。一貫するものは阿頼耶識である。それで、このように切れて連続するから分段生死と言う。

それに対して、変易生死ということを立てる。変易という意味は、転変し変易する。変わったという意味、変ぜられた生死ということである。生死でないものが生死に変ぜられた生死である。分段生死というものは、自分の意志の自由にならない。生死させられている生死である。しかし、変易は自由に生死する生死である。自分の意志をもって生死する生死である。

分段生死は凡夫の生死であり、変易生死は聖者の生死である。これらはまったく別のものではなく、二種の生死が互いに重なり合う意義をもつ。分段生死を転変した生死が変易生死である。ニーチェが運命愛と言うようなものである。業は運命と違うが運命的なものをもつ。業を造るのは自由意志であるが、造った業によって逆に限定される。運命的に限定される。

運命を愛する、運命を愛をもって引き受けるときに運命が変ずる。創造的生死になる。仕方なく生死させられている他律的な生死を、自己規定に転ずる。自ら自分の意志をもって自己規定に転ずる。自由に生死する。生まれたいときに生まれ、死にたいときに死ぬ。

分段生死は流転である。なぜ聖者の生死が考えられるかと言うと、聖者が聖者自身を完成するからである。完成された聖者は仏である。聖者が仏道を行ずるところは、衆生の流転している場所である。業によって流転しているところが、業を超える場所である。変易と言うときに、生死が道場になる。人生には流転という意味もあるが、それが流転を翻す道場という意味もある。菩薩が還相回向するのは変易生死である。それを園林遊戯と言う。元の木阿弥になるのではない。

国土の因果は分段生死に属し、浄土の因果は変易生死に属する。国土の場合は業と言い、浄土の場合は行と言う。行の体（本質）は願であり、業の体は思である。願という言葉は、行に属する概念である。行は、実践、プラクティス（practice）である。業は、行為、アクト（act）である。行為は意思に属する。思は意思であり、遍行の心所である。願は欲、ヴォレン（Wollen）であり、欲は別境の心所である。概念が違う。よく行業と言うが、区別しておいて結びつけなければならない。願を発するというのは行に属することである。願を行ずるのに三業をもってする。それで業と行が結びつくのである。

浄土というのは転回された国土であり、ただある国土ではない。革命された国土、それが本来の意義である。唯識の言葉では転依、転回された依止である。菩薩の実践によって変革された世界が浄土である。何が変革されたかと言うと、業によって得た国土が変革された。業の因果を契機として行の因果がある。そういうことを「諸仏浄土因　国土人天之善悪」という言葉があらわす。

仏が浄土を荘厳するために菩薩になる

場所の転回とともに、それを媒介する行までもあらわしている。変易生死が仏の因位の場所をあらわす。仏には生死はない。菩薩にはある。仏の因位は生死にある。仏が仏自身の自内証（無為自然）を荘厳しようと思えば、菩薩に退一歩しなければならない。仏は菩薩になって仏自身を荘厳する。その菩薩に成り下がった位を八・九・十地と言う。八地以上の菩薩の世界は、仏と区別がつかない。菩薩の位において仏が行ぜられている。それが八地以上、上地の菩薩と言う。特に大菩薩と大の字を付ける。

菩薩道は十地と言うが、初地から六地まで、八地から十地まで、その間に七地があり三つに分かれる。十地は、三願転入をもっている。十地の必然性は三つの地であらわす。それを十と言うのは、三つの地を円満しているので十と言う。十は完全ということを数であらわし、象徴した。三は必然性であり、十で必然性を完成している。

初地から六地、八地から十地までの間に第七遠行地という難関がある。人間の努力の限界をあらわす。この限界は、人間の努力では超えられない。それを大乗仏教の歴史は見出し、かつそれを克服した記録が十地である。

菩薩道と言うけれども、七地までは人間の努力の形で考えられる。八地以上は、自在というのが特色である。自在は無功用、つまり努力がないことである。七地は努力の限界である。七地までは我われの努力で行けるので、行かないのは人間の怠慢である。しかし、七地を超えるのは人間の力ではだめである。ニヒルに陥るのは人間の限界であり、ニヒルに陥らないのは人間の怠慢、呑気である。努力が無駄だというところまで行かないのは、努力しない証拠である。

七地までは従因向果、八地からは従果向因である。従果向因は、仏の果徳を菩薩の位であらわしている。仏が浄土を荘厳するときには、菩薩にならなければならない。仏は仏のままでは荘厳できない。

凡夫の生死するところが、仏の証を荘厳する場所である。我らの宿業と法蔵菩薩の修行は内面的関係にある。我らの宿業が機になっている。

無著菩薩が『摂論』で、菩薩は十地によって修行すると言われている。五種の補特伽羅《ふとがら》によって立てると言う。見道に入って初めて地に入る。初めて法性を見出した。一念発起の信心である。そこに人間のあり方が変わる。初めて無漏の智慧を得た。本当の意味の自己発見である。本来の自己を見出した。見出したら、見出した智慧そのものがかえって自分を支える場所になる。それで地と言う。信そのものを私がもっているのではなく、得られた信が私を支える。それまでは人間に立っていた。努力とか体験が立場になっていた。

信を獲たが、仏に成ったのではない。もし十地（修道）がないなら、信を獲たときに成仏していなければならない。信を獲たときに、ただ人間として生きているのはあり得ない。ただ生きているのではなく、生きている意味がある。信を深めるためである。信と生きているのと、二つあるわけではない。変易された生の意味が見出される。信を切磋琢磨する。それが生きているということである。それを地と言う。

見道までも修道であるが、真理を見出したときに初めて本当の意味の修道と言える。それまでの修道は暗中模索である。「総序」にも「行《ぎょう》に迷《まど》い信に惑《まど》い、心昏《くら》く識《さとり》寡《すく》なく、悪重く障《さわり》多きもの」（『教行信証』聖典一四九頁）と言ってある。真理を見出したときに、初めて修行が成り立つ。真の修行は信心において成り立つ。信心以前の修行は、修行とは言えない。信心を獲るには、正直にもがくより仕方がない。信を獲たら初めて真理を見出したのだから止んでしまいそうだが、それは仏に成ったのではない。そこに見出された真理も仏の真理も、真理に二つない。見道によって見出された真理の他に、仏の真理はない。しかし、仏と我われの区別はある。因位と果位である。

それは、つまり挟雑性があるということである。真理は見出されたが、真理と真理を見出した体験と一つではない。真理は、体験された真理も仏の真理も同じだが、体験は違う。真理に挟雑性はないが、体験にある。見道によって菩薩の十地を立てるのは、補特伽羅によって立てる。その補特伽羅を無著菩薩は、五種の補特伽羅によって十地を立てると言われる。真宗では、見出された体験と真理とが違うのを、法頓機漸と言う。第二十願である。法に区別はない。

さて、仏には生死はないが、仏が仏自身の証《さと》りを荘厳する。仏においては、仏の法身が浄土となろう、仏が仏に止まらず浄土となろう、仏の自利だけでなく仏自身が衆生の国土となろう、というのである。それを荘厳と言う。仏が仏自身を荘厳する。そのためには、仏の位ではできない。因位に立たなければならない。衆生の流転するところが因位である。仏が衆生になって仏を荘厳する。

法蔵菩薩は発願するにあたって説法を請われた。その説法は国土の教説である。世自在王仏は現与と言い、法蔵は覩見と言う。覩見とは、まざまざと見たということ、直観したことである。これについて、法蔵菩薩は菩提心を発して、菩提心から国土の願が生まれてきている。

龍樹菩薩の『十住毘婆沙論』に「易行品」があるが、あれは『十地経』の釈論である。『十地経』の論において易行道が出ている。天親菩薩の『浄土論』も無量寿経に依っているが、『十地経』も前提としている。『十地経』の問題を無量寿経に依って答えたのである。

国土の問題は菩薩道の帰結である。『十地経』を見ると、初地に十大願というものがある。これは、阿弥陀仏の四十八願に対しては総願というものである。この中に浄仏国土の願が出ている。浄仏国土の願の行を、第八地で語る。浄土は願の形で出ているが、行の形で出ているのは八地である。八地では特に、自在を土自在と言う。世自在と関係がないわけではない。浄土自在、土を浄める行に自在なる行である。八地の行は浄仏国土の行である。

国土の歴史が国土の実相

「正信偈」に観見ということがあって問題になっていたが、『十地経』を読んでみると、八地は菩薩の十地でも重要な地位であり、その行が浄仏国土として出ているから期待をもって読んでみたが、見当外れのような気がしたこともある。ところが、「観見諸仏浄土因」の観見と、八地の浄土の行と照らすと、なるほどとわかってきた。それは八地の菩薩の行を見ると、そこにあらゆる国土の成り立ち（因果）と体相が説かれているが、図表的に説かれているので無味乾燥である。

だから、華厳教学でも国土ということを言う。十という数が円満をあらわし、あらゆる角度から説かれているが、図表ということが観見ということである。簿記は、一目瞭然をあらわすものである。家計簿の必要なのは雑費である。これが油断ならない。あらゆるわけのわからないものを雑費の中に入れるが、これが響く。それで見たくないものを見せる。逃がさないようにする。それが簿記である。

国土でも、見たくない国土もある。それをまざまざと見させる。図表的であるのは、そういう意味である。簿記のように書いてあるからである。それが覩見ということである。

　浄土にしても国土にしても、因果であらわしてあるのは、広く言えば国土はあるものだからである。あるものは単にあるものではなく、歴史的なものだということである。本来あるものではなく、歴史的なものである。浄土は歴史をもつ。歴史を離れて天下りにあるものではない。仏の証《さと》りというものが、天下りでないということを示すのが荘厳浄土である。法性法身は天下りではない。自然の浄土、無為自然の浄土が仏の自内証である。それが天下りでないことを示すのが荘厳浄土である。あるものは、なったものである。浄土は浄土にまでなった。浄土というのは、土が浄められたということによって、本来浄いことをあらわす。浄めるということによって浄められた世界が、天下り、独断、観念的でないことを示す。みな歴史の実践をもって荘厳されている。国土の歴史が国土の実相である。

　歴史と実相（それ自体）が、二つあるのではない。国土の本質と歴史と、二つあるのではない。国土が歴史によってなった、それが国土の本質である。歴史を通して本質をあらわす。それが図表である。図表は現にあるが、現にあるものが現にあるだけではなく、現にまでなった歴史を語る。今の私は、私が何をしてきたかを語る。

国土の形、成立、体相は、生活をあらわす

あらゆる国土の形、あらゆる国土の成立、体相が、『十地経』に語られているのは土自在のところ

である。身の生きている境遇は、経典からは三種荘厳、つまり国土、仏、菩薩であり、『浄土論』では二種世間であらわす。二種世間、つまり器世間、有情世間であらわす。三種荘厳は経典の記述、二種清浄世間は論の記述である。二種世間は変革された世間である。衆生世間は身、意識のことでなく、五根のことである。これは瑜伽の論によって、二種世間が明らかにされた。

身と器世間は、身体と環境である。関係は無数である。たとえば物と物との関係、意識の関係（主客）がある。能動と受動は物理的関係である。主客の関係は知る関係であり、環境と身体の関係は受用関係である。それで、『浄土論』に受用功徳が出ている。「愛楽仏法味　禅三昧為食」（聖典一三六頁）と、味や食と言ってある。胃袋と食物は、生きることに関係する。身があることは生きていることであり、死んだら身は物質になる。身体は物質でもないが、意識でもない。物質が生きたものの契機に転ぜられる機能を身体と言う。物質を、意識をもったものの契機に転ずる。それが身体である。

だから生きているということ、それが国土である。だから往生浄土と言う。浄土が出てくると、必ず死が出てくる。死というのは、そういうところに意味がある。我われが浄土に生まれるのは、眠った者が目を覚すのとは違う。それは同じ生にいる。人間が本当の意味で救われるのは、気持ちを変えるというようなものではなく、生まれ変わることである。生まれ変わるのは、そういう意義をもった自覚をあらわす。

我われの救いは、人間の気持ちを変えるのではなく、存在を変革するような意義をもった自覚である。この生死から別の生を得るという形をもってあらわしてくる。

国土は生ということをあらわすのであって、生活をあらわす。あらゆる国土の形、成立、体相が説かれてあるのは、あらゆる生活を経験してきたということをあらわす。衆生というものは、そうである。我われは零歳で生まれて八十歳で死ぬというのではない。『般舟三昧経《はんじゅさんまいきょう》』の慈愍和尚《じみんかしょう》の釈に「今日道場の諸衆等《しょしゅうとう》、恒沙曠劫《ごうじゃこうごう》よりすべて経《へ》来《かえ》れり」（『教行信証』聖典一八〇頁）とある。あらゆる生死を一つ残らず経巡ってきた。最後にこの人身を得た。総じて経てきたものが衆生であり、それを成り立たせるものが阿頼耶識である。人間が歴史的存在だというのを基礎づけるのが阿頼耶識である。阿頼耶識に曠劫以来の歴史を蔵し、また未来を蔵している。過去は異熟として、未来は種子として蔵している。そういう過去と未来を包んだのが現在である。

十方衆生は自己の歴史であり、我われの祖先も子孫も私の歴史である。衆生を超えて衆生を覚ったのが世自在である。それが国土自在である。人間の労苦をなめ尽くしたから、あらゆる衆生に自由に同感できる。それが自在である。本当の意味の人間理解者、そういうものが八地の行の菩薩である。

世自在は国土自在に通ずる意義があると思う。国土の経歴譚、本当の意味の人間理解である。そういう教説を通して超世の願というものがある。世の説法を通して世を超える。超世は無世ではない。『浄土論』に「観彼《かんぴ》世《せ》界相《かいそう》　勝過三界道《しょうがさんがいどう》」（聖典一三五頁）とあるが、超という意味は「彼」であり「勝」である。この世界である三界を勝過した彼の世界が超世界である。この世界を超えたら無世界ではない。無世界に腰を下ろすのを二乗と言う。人間はただ世界だけであり、二乗は無世界である。それに対して、菩薩は超世界、世界を超えた世界である。世界は二種清浄世間、新しい世界、浄められた世界である。超世の本願というのは、超世界的世界の願、まったく新しい生活を見出す願である。世間の労苦を通して世間を超え、世間を見出すという意義を語る。

すでにこの道あり

依経分の前半を読んでいるが、「如来所以興出世」からは後半になる。依釈分の方では最後に「弘経大士宗師等」から「唯可信斯高僧説」と結んである。これは依釈分の結語であるが、これを依経分に求めるなら、「如来所以興出世　唯説弥陀本願海　五濁悪時群生海　応信如来如実言」（「正信偈」聖典二〇四頁）の四句である。

依釈分では最後に置き、依経分では真ん中に置いてある。「文類偈」では形式を整えて、依経分の最後に「如何疑惑斯大願　唯信釈迦如実言」（『略文類』聖典四一一頁）という言葉を依経分の最後に置き、依釈分の「唯可信斯高僧説」（同四一四頁）と同じ形式にしてある。依経分においては「応信如来如実言」、依釈分では「唯可信斯高僧説」である。これは信を勧めてある。『略文類』の方では、そこにさらに疑を誡《いまし》めて信を勧めてある。こういう意義をあらわす。

こういう精神が「正信偈」を一貫している。すでにこの道あり。この道とは『大経』ならびにその伝承である。依経分は『大経』であり、依釈分は真言の解釈である。依釈は真言の歴史をあらわす。本願の歴史が掲げられている。本願が歴史になるというのは、本願が行になることである。行の願が第十七願であって、仏法の歴史を成り立たしめている。

釈迦ならびに七高僧は人であり、弥陀は法でないかと思う。やはり釈迦牟尼仏という形をとっているところに、世に関係する。「如来所以興出世（如来、世に興出したまうゆえは）」。人において歴史が成り立つ。人法と言っても抽象的に分かれているのではなく、法によって人を立て、人によって法を証明する。人と言っても単なる人間ではなく、人間という形をとっている法である。釈尊や七高僧は天才ではなく、応化身、応化の仏である。親鸞聖人をもって見ると、第十七願の諸仏は、釈尊ならびに七高僧である。そういうところに諸仏の意義を見出されている。

法然上人は、親鸞聖人においては、ただ人間ではない。法という意味の人である。法の人たる法然上人に遇うことにおいて、親鸞聖人は法に遇う。法然上人に遇ったことと本願に遇ったことは一つである。七高僧の歴史は世間の歴史ではなく、仏法の歴史である。歴史は人に成り立つが、人と言っても法の人である。歴史をもつことと救いとは、二つあるわけではない。つまり法然上人は仏という意義をもつ。

仏を通して法に接したのであるが、仏は法によって立てられたものである。仏に成った人によって法が証明される。たすかった人によってのみ、たすける法の間違いのないことが証明される。そこに仏法の歴史がある。

仏法に遇ったことは、遇った者が仏法の組織に入ることである。自分が仏法の組織に入ることである。遇ってみたら、仏法の中に初めからいた。そこには遠慶宿縁ということがある。仏法を親鸞が見つけたのは、親鸞以前に仏法が親鸞を見つけていたことである。遇った親鸞が仏法の中に組織される、それが僧である。自分が僧とされずに仏法に遇ったということはない。法然上人という仏に遇えば、遇った親鸞が僧とされる。法の秩序の中に置かれる。

見て敬い獲て慶ぶ。見というのは目の当たり仏を見る。仏に対しては見、法に対しては聞、見ということをくわしく言えば、奉持すると言うこともあり、恭敬すると言うこともある。仏に仕える。ただ本を読んで意味がわかったのと違って、自分の全存在をあげて法に仕え、法を背負うということである。それでないと、仏法は片手間である。

法を聞くということは、そこに一つの実践をもたなければならない。自分が歴史的存在となること、歴史に遇って歴史に加えられること、こういうような確信が正信念仏である。ただわかったということではない。親鸞聖人は歴史の中に立って、歴史を勧めている。立たずに勧めているのではない。仏法の歴史の外から仏法の歴史に勧めているのではない。仏法の中から仏法の歴史に勧めている。来ってこの歴史の事実を見よ、こういう確信を「唯可信斯高僧説」と言い、「応信如来如実言」と言うのである。

教学を超えた世界に教学を見出す

「文類偈」と違って多少形が変えてあるが、「如来所以興出世」以下は、親鸞聖人が信を勧められる言葉である。ここに勧信の意義をあらわす。信を勧めるのに、さらにくわしく如来回向の信心の利益をあげて信を勧めている。これは「文類偈」では最後に置いてあるが、ここでは最初に置いて、以下、信を勧める。それから見ると、それ以前の「法蔵菩薩因位時」から「必至滅度願成就」までは、勧むべき法を掲げてある。「唯説弥陀本願海」と言って、「法蔵菩薩因位時」から「必至滅度願成就」までは本願海ということで尽くされる。

これは『大経』に依って作られたが、大意と言うこともあり大科と言うこともある。大科と言うと、上下二巻ということである。大意が「教巻」に述べられてあるが、そういう形で「正信偈」ができている。大意ということになると、文段を超えた意義があらわしてある。釈尊出世の正意として弥陀の本願を説かれた。それが『大経』である。

「能発一念喜愛心」（「正信偈」聖典二〇四頁）以下は、本願成就の信心の利益を示して、信を勧めてある。だから、それ以前は弥陀本願海として本願の仏法を示されたものであると思う。「本願名号正定業　至心信楽願為因」（同頁）は成就というものを通して本願の意義を明らかにしたものである。「法蔵菩薩因位時」から「一切群生蒙光照」までは、仏法の仏というものを語っている。本願名号というのが、正しく法である。

「法蔵菩薩因位時」から「一切群生蒙光照」までは上巻であるが、「本願名号正定業」は下巻を通して、本願成就の経文の精神を通して、上巻に述べられた本願が法たる意義を明らかにする。法という意義は、下巻を通さないと明らかにならない。「法蔵菩薩因位時」以下「一切群生蒙光照」までは、物語の形である。「本願名号正定業」以下の四句は、これによって教・行・信・証の言葉を尽くす。これは下巻を通して明らかになることである。上巻の言葉と下巻の言葉とは格が違う。上巻は如来の世界である。下巻は如来の世界に我われが目覚める道を示されたのであるから、厳密になる。

物語というものは、我われが考える以上に深い意義をもつものであろう。何かを表現しているのであるが、これだけのこと、というのではない。こういうことを教えていると言えないもの、そういう世界を象徴と言う。言えないが何もわからないというのではなく、そこから意味を見出してくる。そこには無限に深い意味をたたえている。その中から、教えられる限りの意味が汲みとられる。教えられただけが教えている。無限に教えられる世界である。ほとんど全部教えられると言うときは、人類の世界がなくなるときである。人類の最後の一人が涅槃を取るときである。そういうものである。

そういう世界は、物語という形でなければあらわされない。教学を超えた世界に教学を見出す。教学は釈尊以後である。歴史は一歩一歩教えられていく歩みから生まれる。だから「本願名号正定業」は、物語で語られた世界に見出された教学である。下巻を通して見出された意義が、『大経』の教学である。

仏の世界に仏に成らしめる法がある。仏法は仏に成らしめる。仏法は仏を表現しているのであるが、仏を表現していると同時に、そこに我われを表現している。仏によって我われが説かれている。それが仏たらしめる法、仏所説の法である。仏所証の法から言えば、仏に属するものであるが、それによって我われを仏たらしめる法である。我われの往生成仏の道が、本願によって応えられている。それが法であり、それをあらわすのが「本願名号正定業」以下の四句である。

「法蔵菩薩因位時」から「一切群生蒙光照」までは物語である。何か深い世界を語る。象徴の世界を語る文学形式は物語、メルヘン、本生譚、ジャータカである。あるいは、神話と言ってもよい。本生譚は、十二部経の中の一つの名前である。経典文学の一つの形式であり、優婆提舎と対照的なものである。『大経』はジャータカ、『浄土論』は優婆提舎である。

「一切群生蒙光照」までは、法蔵菩薩の勝因段ならびに勝報段の経文である。『大経』上巻には、勝因段や勝報段だけでなく、勝行段、勝果段、それに極楽段まである。上巻全部の勝因段から極楽段に至る教説である。その教説を勝因段と勝報段に圧縮してある。『大経』には大意もあり大科ということもある。大意は文章の段落によらない。

下巻には悲化段、智慧段があるが、善導大師が、『観経』の「我今楽生　極楽世界」(聖典九三頁)という経文について述べられるときに、そこに『大経』の門が開かれたという意義を見出された。「これは弥陀《みだ》の本国四十八願なることを明かす。願願みな増上の勝因を発《おこ》せり。因に依《よ》って勝行を起こせり。行に依って勝果を感ず。果に依って勝報を感成せり。報に依って極楽を感成せり。楽に依って悲化《ひけ》を顕通す。悲化に依って智慧《ちえ》の門を顕開せり」(『教行信証』聖典三三二頁)。『大経』のごとき天上の教説が地上に顕れた。こういう意義を善導大師が感ぜられて、これを出しておられる。勝因段から感成極楽段までは弥陀、悲化・智慧は釈尊になる。これは下巻である。

『大経』には上下両巻の意義があるが、七高僧の釈がないから、親鸞聖人は経文については憬興師によられる。もし七高僧の中に求めるならば、善導大師のこの欣浄縁のところで、この勝因・勝行・勝果・勝報・感成極楽の言葉が出てくる。七高僧での唯一の場所である。

「法蔵菩薩因位時」から「一切群生蒙光照」までは、上巻を圧縮した言葉であり、そこに「如来智慧海　深広無涯底」（『大経』聖典五〇頁）の意義をあらわす。それに対して「本願名号正定業」は厳密な言葉であり、教学的な言葉である。こういうところに注意しなければならない。文章の格が違う。「建立無上殊勝願　超発希有大弘誓」とあるように「本願名号正定業　至心信楽願為因」（『正信偈』聖典二〇四頁）は上巻に属する言葉かも知れないが、四十八願の意義をここで語る。その意義になると下巻を通す。「本願名号正定業」は行、「至心信楽願為因」は信、「成等覚証大涅槃　必至滅度願成就」（『正信偈』聖典二〇四頁）は証、「如来所以興出世　唯説弥陀本願海」は教である。

行・信・証は弥陀に属し、教は釈迦に属するが、行・信・証も下巻である。つまり、教・行・信・証が出るのは下巻である。二回向四法というのが、『大経』の教学である。これは釈尊によって明らかになったことである。下巻の成就の文を通して、上巻における本願の意義を明らかにした。

3、本願名号正定業

本願名号正定業　至心信楽願為因
成等覚証大涅槃　必至滅度願成就

本願の名号《みょうごう》は正定《しょうじょう》の業《ごう》なり。至心信楽《しんぎょう》の願を因とす。
等覚を成《な》り、大涅槃《だいねはん》を証することは、必至《ひっし》滅度《めつど》の願成就なり。

業は運命を決定する

「本願名号正定業」以下の四句についてであるが、「本願名号正定業」は体、つまり全体、「至心信楽願為因」以下三句は別義である。「至心信楽願為因」は願因、「成等覚証大涅槃　必至滅度願成就」は願果である。因果を総合する体は本願の名号であり、そこに仏法を明らかにしている。仏法は仏の法であり、仏に成らしめる法である。このことがなぜ我われに感銘が深いかと言うと、本願名号は如来に属し、正定業は衆生に属す。つまり、仏の運命において我らの運命が応えられているからである。

正定業と言うが、業というところに運命が語られている。業というのは異熟因と言われる。等流の因果は諸法の因果である。諸法は混乱があってはならない。物質から精神を出すわけにはいかない。それが自己限定ということである。十八界は自己限定として成り立つ。

業は、説一切有部からは色法と言われているように、諸法の一つである。それを特に異熟因果と立てるのは、経量部から言えば心所法、唯識においても遍行の心所、思、意思であるからである。意思が行為の本質である。「業は思を以て体と為す」（『倶舎論』「業品」）。業は諸法の一つであるけれども、特に業を等流因・等流果から区別して立ててくるのは、有力な力を認めたからである。

業は諸法の一つでありつつ、諸法の全体の運命、境遇を決定する。諸法は我われの存在、人間存在をあらわす。五蘊が諸法なら、行為も諸法である。行為もまた我われ自身に属するものであるが、我われ自身のなす行為でありながら、我われ自身の運命を決定する。我われの現在の一々の行為に、未来が賭けられている。賭けようと思わないでも賭けられている。そういう意味を特に正定業という言葉はあらわす。

我われを流転の生死から成仏に転ずる。我われの運命を決定する意義が、如来の本願の名号と結びついている。我われの正定業が、本願によって名号として応えられている。こういう意義をもつ。全部如来にしてしまったら平凡である。至心信楽の願は仏の願心であり、因は我われに属する。「成等覚証大涅槃（等覚を成《な》り、大涅槃《だいねはん》を証することは）」は、全部我われのことである。等覚を成ずるというのは、正定聚である。本願の名号が正定業であるゆえに、それにおいて我らが至心信楽を獲得するときに正定聚の機になる。信心を獲るところに正定聚に住し、そこに大涅槃が決定し、必至滅度の自覚が与えられる。必至滅度の願は仏の方である。

歴史が我われに信を勧める

このように組み合わせてある。仏と我われとが結合されている。本願によって我われが応えられている。それが法というものである。機に対する法と言うが、機に応えている法である。「本願名号正定業」が法、「至心信楽願為因」以下は機の自覚に属するが、法を体としてそこに我らの機が応えられている。仏法ということを明らかにしているのである。

これらは釈尊の本願成就の経文に依るが、明らかにされたのは阿弥陀仏の本願である。本願の法を掲げて、それによって釈尊は信を勧めておられるのである。

これが『大経』であり、七高僧もこの伝承を受けている。『大経』の歴史は我われの応えられている歴史であり、その歴史から我われに勧めてある。行けと勧めてある。歴史そのものは、来たれと勧めている。仏法の歴史において法は来たれと言い、人は行けと言う。信を勧めるのは行けということ、この事実を見よ、である。これから我われが救われる道を求めるのではなく、すでに応えられているという確信である。歴史自身が我われに信を勧めている。

それから見ると、初めの方は仏である。「法蔵菩薩因位時」から「一切群生蒙光照」までは仏の因果であろう。「法蔵菩薩因位時」から「重誓名声聞十方」は仏の因位、「普放無量無辺光」からは仏の果を語る。「至心信楽願為因」以下三句は、衆生の因果である。ここに仏の因果と衆生の因果が述べてある。因果をもって明らかにされた仏の法の上に、我らの因果を見出す。本願光明の仏の因果の上に、我われが応えられている。

「重誓名声聞十方」までは勝因段で、本願が説かれ、「普放無量無辺光」以下「一切群生蒙光照」までは勝報段で、光明が説かれている。次いで名号が出る。「重誓名声聞十方」は、本願中の名号である。

仏法を生み出した世界をあらわす言葉

本願・光明・名号ということは、教・行・信・証という言葉とはまったく類を異にする。「謹《つつし》んで浄土真宗を案ずるに、二種の回向《えこう》あり」（『教行信証』聖典一五二頁）と言われる。教・行・信・証というような言葉は、謹案の言葉である。それに対して「竊《ひそ》かに以《おもん》みれば」（同一四九頁）、竊かに以みられた言葉が本願・光明・名号である。謹案の言葉は釈尊以後の言葉であり、竊以の言葉は釈尊以前の言葉である。竊以は、仏教の言葉でなく、人類がここから生まれてきた言葉である。人類の歴史の中に一つの自覚が見出されたのは、釈尊に始まる。仏法を生み出した世界に着眼するのは大乗仏教であり、釈尊を出ないのは小乗仏教である。小乗は、四諦というような教えを出ない。大乗では、諸法皆空や諸法唯心と言うが、それを仏教と考えると教理になる。仏教が教理史になる。そうではなく仏教の歴史は、永遠に古くしていつでも新しい。そういう世界をあらわすのが釈尊以前である。

仏教の母胎、仏教以前の世界が仏教を明らかにして、それによって仏教以前の世界を「如来智慧海深広無涯底」（『大経』聖典五〇頁）という言葉で明らかにしたのである。仏教以前の世界をあらわす大切な言葉が、本願・光明・名号であり、この三つは、教学を超えたものである。名号は行だと何でもなしに言うが、名号の中に行を見出す、名号において我らの行が本願によって応えられているのである。名号の中に往生成仏の行信が見出される。行は教学の言葉であるが、名号は教学を超えている。

物語の世界はこの三つの言葉で構成されているのであろう。だから、これは無限のものであり、仏教だけにあるのではない。光はキリスト教にもある。「太初に言あり、言は神と偕《とも》にあり、言は神なりき。……之に生命あり、この生命は人の光なりき」（ヨハネによる福音書第一章第一節～第四節）。言葉、光、生命というものがヨハネ伝の初めに出ている。雄渾な世界を背景にして釈尊が出られた。無限に深い世界を、人類が一歩一歩証明した。しかし、証明したものだけがあるわけではない。

こういうことで、如来を先にし、釈尊を後にした。夢のような言葉であるが、現実なのである。名号になると、象徴のところから行信証が見えてくるから、象徴が表現になる。

本願が「説」かれていることの意味

「本願名号正定業　至心信楽願為因」を受けて「如来所以興出世　唯説弥陀本願海　五濁悪時群生海　応信如来如実言」と出ている。大聖の真言に帰して作ると言われているが、「教巻」では『観経』の大意に対して『大経』の大意をお示しになっている。

そこには二尊一教ということが示してある。それから見ると、「必至滅度願成就」は弥陀について、弥陀が本願を起こされた御心を示してある。それを受けて「如来所以興出世　唯説弥陀本願海」と出ている。弥陀について述べられたところは、ここから振り返って見ると、本願海を起こされた御心が述べてある。

「教巻」から考えると、「唯説弥陀本願海」の中で特に説という字が大切であろう。『観経疏』の玄義分から見ると、韋提希の別選別請に応えて釈迦牟尼仏は広く浄土の要門を開かれた。これに対して、弥陀について「別意《べっち》の弘願を顕彰す」（『教行信証』聖典三三三頁）と言い、その弘願を受けて「弘願《ぐがん》というは『大経』の説のごとし」（同頁）と言ってある。この言葉は「行巻」に引かれてあるが（同一七六頁参照）、ここに説という字がある。それを受けて親鸞聖人は「教巻」において『大経』の大意を示されたのである。

『観経』は、阿弥陀仏の本願を背景として開かれている。『観経』には定散二善が説いてあるが、本願の念仏はすべて定散二善の中に説いてある。本願の念仏は「超発希有」と言い「殊勝」と言うように、定散二善を超えているのであるが、それを定散二善の範囲で説いてある。定散二善の要門は広開と言い、弘願の方は顕彰と言われる。

「化身土巻」に顕彰隠密と言われたように、『観経』には隠がある。隠顕と言っても説いていないというのではない。しかし、本願を本願として説いていない。本願の念仏を念仏の資格において説いてある。定散二善に入らないものを、定散二善において説いてある。そういうところから顕彰という字が用いられる。正しく本願を本願として説いてあるのが『大経』である。

善導大師は『大経』の大意を譲っておられるが、これを受けて親鸞聖人は「教巻」に『大経』の大意を述べられた。『観経』の大意に対して『大経』の大意を述べられた。だから親鸞聖人は「弥陀《みだ》、誓《ちか》いを超発《ちょうほつ》して、広く法蔵を開きて」（『教行信証』聖典一五二頁）と、広開という字を用いられた。むろん『大経』の大意を述べるのに、親鸞聖人は自分の言葉で述べられず、『大経』の経文に依って述べられる。『大経』をして『大経』を語らしめられる。『大経』自身が語っているというので「重誓偈」の経文をもって述べてある。そこには「為衆開法蔵　広施功徳宝（衆《しゅう》のために法蔵《ほうぞう》を開きて、広く功徳《くどく》の宝を施《せ》せん）」（『大経』聖典二五頁）とあり、開と広が離れているが、これを親鸞聖人は広開と引き付けられた。善導大師が広開と言われたのも、この「重誓偈」に基づくという御心であろう。

三部経は本願があるから三部経があるので、弥陀のことを語っているから三部経があるのではない。安楽浄土とか阿弥陀仏を考えるのは、必ずしも三部経ではない。近いところでは『悲華経《ひけ》』がある。

聖道の諸宗においても阿弥陀の徳がたたえてある。三部経は選択本願をもって一貫している。選択本願は、それだけなら三経の宗であるが、説という字が一字入ると『大経』の宗になる。

本願そのものを説いてあるのは『大経』である。だからここに「唯説弥陀本願海」の「説」は、そういう意味を含める。そして、「説」は遠く、「聞」という字と応じている。「聞其名号、信心歓喜」（『大経』聖典四四頁）に応じている。だから「応信如来如実言」と「信」で受けた。これから見ると、それ以前は本願海ということになる。ここには本願だけを説いてあるのではなく、十二光も出ているが、これは本願成就をも含めて本願海ということである。それで海という字がある。「如衆水入海一味（衆水、海に入りて一味なるがごとし）」（「正信偈」聖典二〇四頁）。河の水の帰するところであり、河の水の始まるところである。

このように、本願だけではない。本願は本願を成就する力を自身にもっている。そういうわけで、本願の因果にわたってくわしく述べてあるというのである。

浄土を「観見」す

初めの「法蔵菩薩因位時」から「重誓名声聞十方」は因位の発願、「普放無量無辺光」から十二光を出して、本願成就の果を述べられた。これによって、因の本願と果の光をもって本願成就の仏となす。初めには弥陀の誓いを述べ、後には誓いを成就した弥陀を述べてある。それで本願の仏ということを示す。「本願名号正定業」は、仏に対しては法である。このように本願の仏法を述べて、それを受けて「如来所以興出世　唯説弥陀本願海」と出てくるのである。

二尊から言えば大意ということになるが、因果から言えば大科ということになる。上巻は如来浄土の因果であり、下巻は衆生往生の因果である。それが大科である。大科は経文に即して『大経』全体の意義を明らかにする。大意は経文の次第を離れて『大経』の精神を述べられた。「教巻」は大意、大科は「行巻」に示される。

二尊という点では大意を受けているし、本願、光明は如来浄土の因果、「本願名号正定業」以下は衆生往生の因果を述べている。大科を大意におさめて述べてあるように思う。

「法蔵菩薩因位時」以下「重誓名声聞十方」は、発願の相を経文によって要約してある。これは経文の組織から言うと勝因段である。勝因段の経文を要約して示されたものである。それで、経文に従えば、法蔵菩薩が本願を起こされたのは、世自在王仏の浄土の説法を通してであることを示すことになる。

「ここに世自在王仏、すなわちために広く二百一十億の諸仏刹土《せつど》の天人の善悪、国土の麁妙《そみょう》を説きて、その心願に応じてことごとく現じてこれを与えたまう。時にかの比丘《びく》、仏の所説の厳浄《ごんじょう》の国土を聞きて、みなことごとく覩見《とけん》して、無上殊勝《しゅしょう》の願を超発《ちょうほつ》せり」(『大経』聖典一四頁)。浄土の説法によって覩見せしめ、それについて本願を起こされた。

前に覩見ということで『十地経』のことを話したが、『十地経』には菩薩の十大願がある。その中に浄仏国土の願が初地にあり、八地には浄土の行の自在が説いてある。浄土という問題は、大乗仏教とともに出発している。菩薩道の精髄として出ている。八地の経文のところで話をしたが、「汝自当知」（聖典一三頁）という言葉が『大経』にあるように、発願するのに世自在王仏が要らないのではないかという疑問がある。それをわざわざ世自在王仏の説法を通して言ってあるのである。「非我境界」（同頁）で説法を求められたのに応じて、浄土を観見せしめたのである。

第八地の浄土の行についての経文が何を語っているのか、よくわからなかったが、これは珍しい経文で、およそ国土をあらゆる面から述べてある。国土の形、国土の因縁、国土の量など、あらゆる面から説いてある。解説的な文章ではなく図表的な文章である。親鸞聖人の御制作の中で、文体で目立つのは『愚禿鈔』であるが、これはすべて表である。

文章と言うが、表になった文章である。八地の経文はそういうものである。ある意味からはきわめて無味乾燥なものと言える。その意味がよくわからなかったが、たまたま『大経』の勝因段と照らし合わせて、なるほどと思った。つまり、それが観見ということである。図表的であるから観見、つまり株式会社の貸借対照表のようなものである。一目瞭然、観見せしめるための経文は図表的である。あらゆる国土は、生活の象徴である。親鸞聖人は「真仏土巻」に仏身仏土ということを言っておられる。浄土を語るのに身土と言われる。

「生」と「活」の問題

これは、さかのぼれば『浄土論』である。浄土は三種荘厳、それを二種世間で語る。これは瑜伽の教説であり、近くは『摂大乗論』の教説である。阿頼耶識の相貌として『摂大乗論』には二種世間、『三十頌』には阿頼耶識の所縁として二種世間が出ている。三種荘厳の教説を瑜伽の教学に立って解釈して、その意義を明らかにしてある。

そうすると、二種の清浄世間ということがあり、浄土は転依である。だから『成唯識論』では最後に転依を解釈するところに、身土があらわしてある。身と土というのは独特の関係である。人間は分別を離れられないから、あらゆる考えを分別の関係で考える癖があるが、浄土は主観客観の関係ではない。物理の関係や認識関係ではなく、生理的関係である。それを『浄土論』の言葉で受用と言う。「愛楽仏法味　禅三味為食」(『浄土論』聖典一三六頁)。味や食に関係のある言葉である。食を定義してみよと言われると難しい。腹のふくれるものと言うわけにはいかない。米は食物ではなく、穀物である。食物になるのは、胃液によって溶かされた場合である。水や植物や鉱物が有機物に変化する場合、無機が有機に組織される場合、その無機を器世間と言う。身は有機、器は無機である。有機は有情に属するから衆生世間であり、無機の方は非情世間である。有情と非情との関係であるが、非情をもって有情を養う場合、受用される限りの非情を、器世間と言う。

非情は、地・水・火・風という四大であらわされる。地というのは堅さであって、土のことではない。土のことなら大という字は付かない。大は存在の一般者をあらわす。堅さは物質性である。それが別に器世間ではない。堅さが受用される限り、器世間である。堅さのゆえに歩くことができる。道であり、屋敷であり、田である場合、器世間である。水でもH_2Oではない。湿潤性であるがゆえに、ものを洗うことができ、渇きを癒すことができる。

胃袋と食物の関係で、生きているということをあらわす。生活をあらわす。生活の象徴である。今は自然生活を言ったが、社会生活も含める。社会的身体、それは身分である。

生活というのは明治以後できた言葉であるが、古典に根拠がある。活は活命であり、八正道の正命は正活命である。日暮しを生活と言う。そういうものは、生とは区別しなければならない。活命は生きることである。歓喜地の菩薩には、生活の不安はないと言われる。不活の怖れがない。死なければならないときに、死ぬことができるのである。

「誹謗擯斥《ひほうひんせき》、許多《きょた》の凌 辱《りょうじょく》、あに意《い》に介《かい》すべきものあらんや」（「絶対他力の大道」）。

生は、生まれることである。今では生まれるということがない。生まれるという学問は、自然科学にはない。活というのは、科学および技術の問題である。生は、科学の問題の可能根拠である。いかに生きるべきかというのは、生まれた上の活である。生は、活の可能根拠である。生まれた上に活の問題がある。活の問題は、推していくと限界がある。労働の問題には、限界がある。なぜ働くか、それは食うためである。なぜ食うか、それは生きるためである。では、食うたら死なないのか。食うても死ぬのである。そこに問題の限界がきている。生まれることは、科学では解けない。仏教では業、異熟に与えられた問題である。生は業を通して感ぜられたものである。

こういうことが身土をあらわす。身は、生まれて活きていることの象徴である。それは心ではわからない。心に生きているという象徴はない。無心に入ったときと死との区別は、心ではつかない。意識だけでは、死と無心との区別がつかない。無心と言えるのは、身体があるからである。生まれたのも身が証明し、生きるのも身が証明する。生まれたのは身が感じ、生きるのは身をもととする。そういうことで、浄土と言うが、身土ということであらわされる。浄土は生活であり、社会生活も含める。正法による社会を僧伽と言う。仏法の生活は勝過三界の生活、目的や手段を超えた生活である。浄土は原則的に僧伽のことである。「遠く通ずるに、それ四海の内みな兄弟とするなり」（『教行信証』聖典二八二頁）。念仏に眼を開けば、全世界が僧伽の中に入る。だから、浄土は生活環境をあらわす。

今は活の問題が忙しいために、生の問題が隠れてしまっている。活の問題が解決されれば、生の問題が解決されるという考えは、根底的なものを上層的に考える顚倒である。それへの抗議が、実存哲学である。解決してはいないけれども、問題に触れている。

生の問題は、阿頼耶識に与えられた問題である。活の問題も頭で考えて生きられるものではないが、活の問題は前六識の問題である。活の問題も業果の問題だが、別報果であって総報果ではない。生の範囲に入ったから、別報である。女に生まれたというところに職業が制限される。（図1参照）

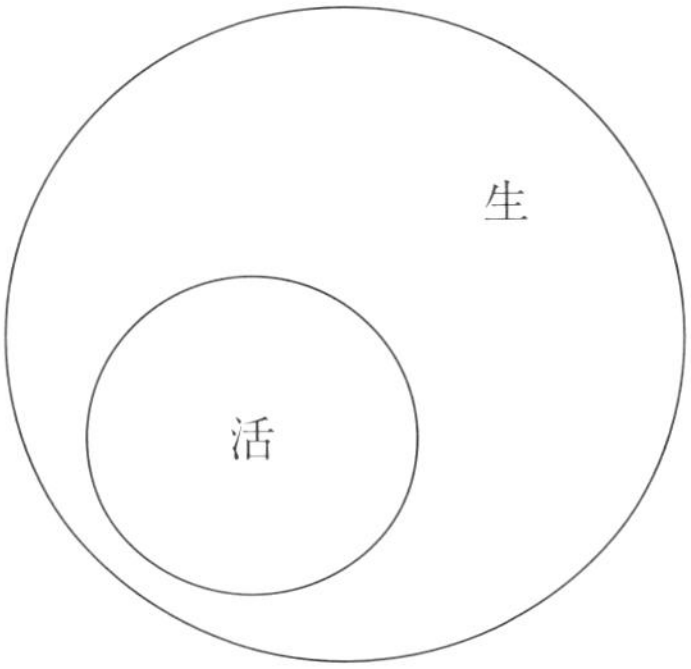

図1

生の方は働いて得るのではなく、生まれたときに与えられている。内に眼があることは外に色が与えられていることであり、胃袋があるということは食物が与えられているということである。与えられていればこそ、働いて得られる。「はたらけどはたらけど猶わが生活《くらし》楽にならざり」は与えられていないことである。

腹を立てるという煩悩を社会革命の運動のエネルギーにするところに、弱点がある。完全でないものであって、そこには無理がある。生まれて活きないものは、与えられたものがないことである。勝ちとるだけで一切を解決しようというところに、間違いがある。

活の問題で全部を尽くしたり、生の問題で全部を尽くしたりするのは間違いであって、これは二重になっている。能力において働くだけではなく、必要に応じて与えられる、と分けて言わなければならない。原則的なものは単純である。

法蔵が遇った荘厳浄土の願

浄土は、生活の問題である。国土の図表的なものを世自在王仏から聞いたということは、あらゆる生活の歴史を聞いたということをあらわすのではないか。現在は世自在王仏であるが、世自在王仏には生活の歴史がある。あらゆる生活経験の蓄積がある。現在の生は、あらゆる生活経験を経歴したものである。だから、世自在王仏は老人である。世自在王仏と法蔵菩薩との対話は老人と青年の対話である。二老の対話からも青年同士の対話からも、何も出てこない。古い話を聞いて、それを鏡として新しい生活を見出す。世自在王仏というのは、およそ人間の理解者ということをあらわす。世において自在であるというのは、そういうことである。

世自在王仏の世と、超世の願の世と、関係をもつのでないかと思う。世において自在であるというのは果の名であり、果を通して因を明らかにした。あらゆる人間の理解者、あらゆる人間の労苦というものをなめ尽くした。過去のあらゆる生活経験が、今日の世自在王仏の説法に一目瞭然になっている。観見は、まざまざと見るということである。図表と言うと空間的であるが、これは時間の経歴、歴史である。つまり、空間的なものは自己の外にあるが、それを自分に包む場合の形式が時間である。世界は自分の経てきた歴史である。「世々《せせ》生々《しょうじょう》の父母《ぶも》」(『歎異抄』聖典六二八頁)である。

あらゆる世界をくぐって、法蔵は荘厳浄土の願に遇ったのである。人間の生活をくぐって人間を超えた生活、無世界ではない新しい生活を初めて見出した。勝過三界、大般涅槃は、無世界ではなく新たな世界、超世界的世界である。涅槃の中に見出された世界、それが浄土である。法蔵が作ったのではなく、見つけたものである。それによって人類が救われた。救われた人類から「建立無上殊勝願」なのである。誰が言ったかというと、法蔵の歴史が法蔵に言った。傍観者が外から言ったのではない。法蔵の願に救われた歴史が、法蔵が遇った本願である。人間の生の終わるところに、新しく遇った本願である。それは決して個人的なものではない。そういう意味で「建立無上殊勝願　超発希有大弘誓」と言う。これは讃嘆の言葉である。

菩提心に立つ人間関係

「法蔵菩薩因位時　在世自在王仏所　観見諸仏浄土因　国土人天之善悪」。その上に「建立無上殊勝

願　超発希有大弘誓」。これは勝因段にあたる。法蔵の発願である。初めには世自在王仏の説法を観見したことを前提とし、後には五劫にこれを思惟したということで、選択ということをあらわして結ぶのである。

　世自在王仏の説法を通して、法蔵が本願を起こされる。そこに世自在王仏は「汝自当知」と言う。「汝」という字は尊敬をあらわす言葉である。弟子を尊敬した言葉で、低く見た言葉ではない。「あなた御自身の問題でしょう」。弟子を尊敬できる人を師と言う。弟子より偉いのだと言うのは、師ではない。尊敬には標準がある。「詮《せん》ずるところ、愚身《ぐしん》の信心におきてはかくのごとし。このうえは、念仏をとりて信じたてまつらんとも、またすてんとも、面々《めんめん》の御《おん》はからいなりと」（『歎異抄』聖典六二七頁）。私はこういただいている、でよい。押し売りするのではない。「勝手にせよ。これだけ言ってもわからないか」というのでもない。信仰の問題のみは、絶対自由である。自由意志を認めることが、尊敬するということである。

　信仰だけは絶対自由である。他人を尊敬するかしないかという標準をどこで決めるかということは、立場によって違う。仏道に立つと、菩提心が人間評価の標準である。頭が良いとか悪いとかに標準はない。どうも人間は、迷いがちで頭の愚図愚図した人間を嫌うが、好き嫌いを超えさせるものが菩提心である。菩提心に立って激励し、また叱ることもできる。

　菩提心は、発した人のものではなく、真に五体を投地して礼拝すべきものである。世界よりも大きく、人間よりも大きい。無条件に尊重できるものは、菩提心しかない。菩提心なしに人間に同情するわけにもいかない。それなら堕落である。菩提心を離れれば、誉めるのも油断がならない。腹に一物がある。利用するか妥協するか、そういう関係しかない。友情もそうである。悪友と交われば損をするというのは、功利的である。人間は同情すら危なくてできない。人間は向こうもこちらへ入れさせないし、こちらも向こうへ入らない。当たらず障らずに生きている。そういうことに我慢がならないのが菩提心である。本当の腹と腹とを打ち出す、と言っても、これは決して露悪趣味や露出趣味ではない。

菩提心によって結びつけられた社会が僧伽であって、他の一切のゲマインシャフト（Gemeinschaft）と区別されるものである。趣味や教養で結びついた社会ではない。法蔵菩薩が世自在王仏を訪ねる場面を、「無上正真道《むじょうしょうしんどう》の意《こころ》を発《おこ》しき」（『大経』聖典一〇頁）と語ってある。「建立無上」は、この「無上」からくる。だから「唯然《ややしか》り。世尊《せそん》、我《われ》無上正覚《しょうがく》の心を発《おこ》せり」（同一三頁）と言ってある。「行じて沙《しゃ》門《もん》と作《な》り、号して法蔵《ほうぞう》と曰《い》いき。高才勇哲《こうざいゆうてつ》にして、世と超異《ちょうい》せり」（同一〇頁）。「超異」とは、満足できないことである。学問とか日常性に満足できないのが超世であり、「無上」は日常性を超えたことである。菩提心に対しては、世間のことは0《ゼロ》に等しい。厚かましいとか頑固とかということは、責める必要がない。そういうことをあげつらわないのが菩提心である。そのままでよい。菩提心に立つか立たないかが問題である。

菩提心から本願が出発する。菩提心が世自在王仏に遇わせ、本願を起こさしめた。菩提心をもって訪ねてきた法蔵に対して、世自在王仏が尊敬をあらわしたのが「汝自当知」であり、それに対する言

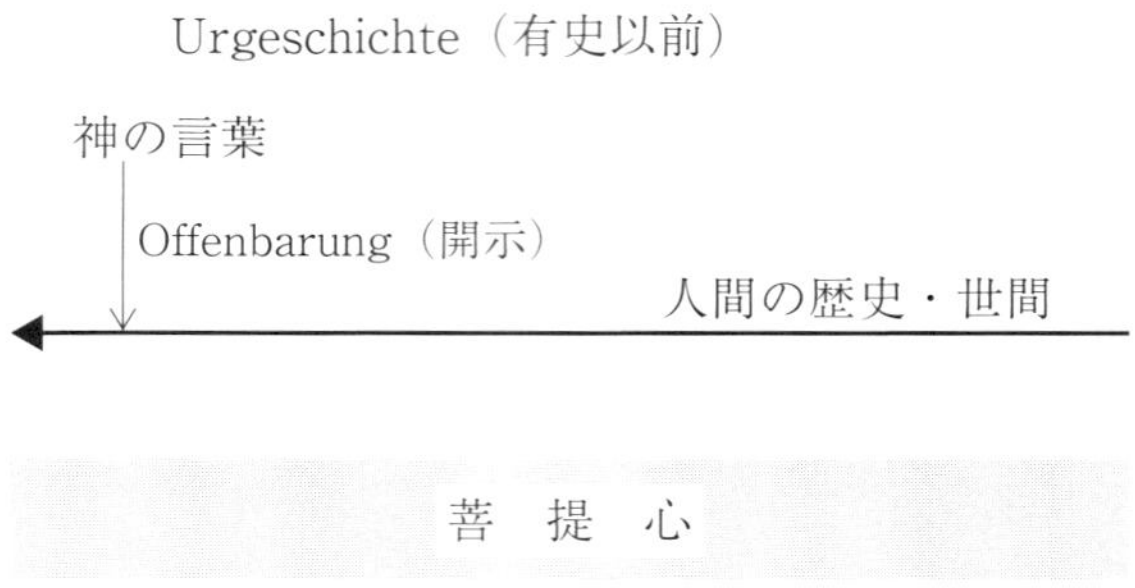

図2

葉が「非我境界」である。「自分にできるだけのことをさせてもらう」というのではない。できる、できないということではなく、せずにはいられない。能力に対する配慮を超えたものである。願を起こしたのは法蔵だが、その願は起こした菩薩以上のものである。自己より大きい、私を超えた問題である。私を超えた問題に私が責任をもつ。私を超えた問題は願である。誓は責任をあらわす。自分を超えた問題に自分が責任をもつ。祈りをもって自己の運命としよう、願を自分自身としよう、願と運命を共にしようというのが、誓いである。

キリスト教の教会は、キリスト教の原理から基礎づけられている。三位一体は父と子と聖霊を信ずるということである。その基礎信条である精霊を信ずるところに、聖徒の交わりがある。あらゆる団体と区別するのみならず、ある一つの信仰団体ではない。ある一つの宗教団体ではない。人間の信仰関心から結合した団体ではなく、神の言葉に基づく超越的な団体である。

世間を破って神が自己を開示する。つまり啓示に基づいている。これがキリスト教の教会論である。仏教では菩提心に基づく。世界は菩提心を容れ得ない。人間もそれを包み得ない。菩提心というものは、キリスト教の啓示のように天下りではない。流転の底を流れているもの、人間の歴史を背負っているものである。つまり浄土である。仏教において、教会の原理にあたるのは、浄土である。特殊なものではなく、人類の根底に流れ、人類を背負っているものである。ここにキリスト教の教会論と違ったものが出てくる。（図2参照）

仏に因位あり

如来浄土の因果という言葉があるように、仏教の教養としては当然であろうが、仏に因位がある。それが「法蔵菩薩因位時」である。仏はただ天下りではない。如来・如去と言うように、如から来たり、如に去る。また「従如来生」（『教行信証』聖典二八〇頁）と言うように、如より来たる。如から衆生に来たる。衆生に来ることを通して如を証明する。それを如に去ると言う。むろんそこに、如から来るということとともに、如にして来る。如のままで来る。不来の来、「不去不来」（『中論』「観因縁品第一」）である。

因果と言っても、如来の因果は一如である。実体的に去来があるわけではないが、因位があって、仏が衆生となって、衆生となることを通して仏が仏であることを証明する。どこまでも仏は天下りではない。不去不来である。一如は絶対であるが、不来にして来たり、不去にして去るというところに相対の形をとる。

相対を破って絶対が来るというような啓示ではなく、対立対向ではなく、絶対の全体が相対となる。

相対のままに絶対をあらわす。こういう意味で、仏一般について因位がある。仏が仏を没して衆生となって、衆生が仏に成るという形で仏であることを証明する。こういう意味をもつ。

　仏に因位があることは、仏教では当たり前のことのようであるが、神と区別される意味がそこにある。衆生とまったく他者であるのが神である。ガンツアンデレ（Ganz Andere）、まったき他者である。それに対して仏教では、仏ももとは凡夫である。凡夫も悟れば仏と成るというのが建前である。仏は衆生の他者ではない。天下りではない。神は人間に向かって迫る意義をもつのではないかと思う。衆生に対決させるような形でその関係が考えられる。したがって神には、重要な性質として畏敬、怖れというものがある。

　それに対して、如来とか仏陀という考えは、まったく衆生というところに根をもつ。本来の衆生、真の意味の衆生であるという形になっている。如来が我となって我を救う。真の意味の衆生となるということがある。だから、仏教は法蔵菩薩を説く。

法蔵菩薩は菩提心の物語

　しかし、その神話性に弱点がある。仏教は、キリスト教のように歴史に根拠をもたないと言われるが、実は如来は真の意味の衆生であるというところから、特定の衆生ではない。やはり、法蔵菩薩というような、そういう物語の形をとらざるを得ないものがあるのではないかと思う。

　衆生の歴史が、歴史の底を流れている。人間の歴史の本当の魂、人間の歴史にあって人間の歴史を

料金受取人払郵便

京都中央局
承　　認

7670

差出有効期間
平成32年6月
20日まで

(切手をはらずに
お出し下さい)

郵便はがき

6 0 0 8 7 9 0

1 1 0

京都市下京区
正面通烏丸東入

法藏館 営業部 行

愛読者カード

本書をお買い上げいただきまして、まことにありがとうございました。
このハガキを、小社へのご意見またはご注文にご利用下さい。

お買上 **書名**

＊本書に関するご感想、ご意見をお聞かせ下さい。

＊出版してほしいテーマ・執筆者名をお聞かせ下さい。

お買上 **書店名**	区市町	**書店**

◆新刊情報はホームページで　http://www.hozokan.co.jp
◆ご注文、ご意見については　info@hozokan.co.jp

18.6.500

ご氏名《ふりがな》	年齢　　歳	男・女
〒□□□-□□□□	電話	
ご住所		
ご職業（ご宗派）	所属学会等	
ご購読の新聞・雑誌名（ＰＲ誌を含む）		

ご希望の方に「法藏館・図書目録」をお送りいたします。
送付をご希望の方は右の□の中に✓をご記入下さい。　□

注文書

月　　日

書名	定価	部数
	円	部
	円	部
	円	部
	円	部
	円	部

配本は、○印を付けた方法にして下さい。

イ. **下記書店へ配本して下さい。**
（直接書店にお渡し下さい）

（書店・取次帖合印）

書店様へ＝書店帖合印を捺印の上ご投函下さい。

ロ. **直接送本して下さい。**
代金（書籍代＋送料・手数料）は、お届けの際に現金と引換えにお支払下さい。送料・手数料は、書籍代 計15,000円未満774円、15,000円以上無料です（いずれも税込）。

＊お急ぎのご注文には電話、ＦＡＸもご利用ください。
電話 075-343-0458
FAX 075-371-0458

（個人情報は『個人情報保護法』に基づいてお取扱い致します。）

支えているものを感得して、法蔵菩薩の四十八願が建てられてきたのであろう。物語というところに本当の意味の現実性がある。法蔵菩薩の物語は、歴史の内面をあらわす物語ではないかと思う。ある特定のところに起こった事件を報告している記録でない。時とところを超えて人間の歴史に流れているものである。そうかと言って、何か思弁的真理の象徴でもない。物語なのである。

事件というようなものは、歴史を超えた真理ではない。事件そのものは歴史ではない。ある事件を歴史にするものがある。歴史的事件という言葉もある。事件を歴史にするもの、それが物語という形を必然的にとってくる。

仏に因位を立てる。曇鸞大師がそれを方便法身と言われたように、一如の仏は法性法身である。本来仏であるというのが法性法身である。仏と成るということを通して、仏であることを証明する。仏と成ることが仏であることを証明する唯一の方便である。そこに如来が我われにとって他者ではない、本当の意味の衆生となる。法蔵菩薩というのは、一如の仏が衆生となる位を言う。

だから、経文には「法蔵比丘《ほうぞうびく》」(『大経』聖典一三頁)とある。比丘というところに我われと同じ一個の修道者、求道者と言うことができる。そこに世自在王仏のみもとにおいて出家するということがある。師があり弟子があるという形をとる。それが、法蔵が比丘としてあらわされる所以である。

初めから無碍自在の仏なのではなく、一つの修道者という形をとる。それが比丘であり、我われと同じ凡夫である。本当に凡夫として悩む。道を求めるのは本当の凡夫である。道を求めない凡夫はない。生死にあるという位、生死に悩むもの、それが凡夫である。そして、人間が修道という形をとるときに本当の凡夫、現実的な人間となる。

道を求めないのは、人間であり凡夫であることを忘れている状態である。人間の最も実存的な形をとったのが、修道的であるということである。経済的であること、政治的であることに先立って、道を求める。自分を問題にするところに、真に人間の人間としての面目がある。だから、ぶらぶら遊んでいる人や、パチンコのようなものをやって自分を忘れている人だけが暇人なのではない。どんなに職務に忠実であっても、自己のない人は暇な人である。忙しいほど暇人である。

エグジステンツ（Existenz）を初めは覚存と言っていたように、自分自身を自覚して存在する、それが修道的人間であり、法蔵菩薩はそれをあらわす。我われとまったく同じことである。法蔵菩薩は、我われと無関係な完全者、絶対者ではない。どこまでも内面に生死の悩みをもって道を求められ、宿業に悩みをもたれた人である。そういうことが大切である。自分の死を見出し、それによって出家された。そこに無上正真道の意《こころ》を発したとある。つまり菩提心に立った人間を修道的人間と言う。菩提心が人間の実存的原理である。人間を実存的にするものこそ、菩提心である。出家するのも、出家せしめるものがあるからである。菩提心が菩提となるという菩提心の物語である。

実存とか、覚存と言って、存在（Sein）というものではない。菩提心が人間を道にする。そのことが、二河白道という譬喩であらわされている（『教行信証』聖典二一八頁参照）。東の岸、西の岸があって、まん中に白道が描かれ、その白道を行者が行く。二河譬の一切を成り立たしめるものは白道である。白道の方向は東岸から西岸である。人間を行者にするものが白道である。行者になるところに恐れや誘惑がある。行者でないときには誘惑すらない。

求めたのは、求めしめられた

人間を実存として成り立たしめるものが、菩提心である。菩提心に立ったときに、生に方向ができる。それが東から西へという方向である。願生、それが本当の方向である。戦争から平和へなどは方向と言うが、それは途中である。往還が、人生全体を包む。包越、越は往、包は還である。人生を越えるのが往相、そして生死を包むのが還相である。越えるのは包む所以、包まんがために越える。こういうときに、初めて方向と言える。文化は方向ではない。途中である。

仏法の中にも方向を見失う場合がある。それを沈空《ちんぐう》、胎宮と言い、化土と言う。これは方向を失ったものである。方向というものは、終わることがない。「昇道無窮極」（『大経』聖典五七頁）と言うように、無限に方向している。往くと還るの二つの方向がある。菩提心が生に与えた方向である。それは、人間をただの存在ではなく方向にする。方向になった人間は、ザインではなく道である。

ハイデッガーは終戦後、思索の傾向が変わった。ハイデッガーには『森の道』（『Holzwege』）というような、道という名の付いた論文集がある。ニーチェは橋と言う。決して存在というものではない。実存はザインというものではなく、道（Weg）というものである。ここに出発が成り立つ。国王の位を捨てて出家した。出家させるものが世と異なる。世を破っている。世にあるものがザインとしての人間である。ザインとしての人間を世と異ならしめ、世を超えしめる。こういうところに、ザインがエグジステンツになっている。

In-der-Welt-sein、世界内存在。人間は世においてあるもの。世を破らない。凡夫という自覚を失った凡夫である。悩みのない凡夫、Das Man である。寒いとか暑いとか儲かったとか言う凡夫である。それを破るところに、初めて自覚した凡夫がある。

自覚したのは、実はせしめられたのである。というのは、菩提心は立身とは違うからである。「男子志を立てて郷関を出ず」ではない。それは自分でできることである。人間は幸福を求めるものである。学問や芸術は、本当は好きなものである。無上菩提は好きなものではない。無上菩提が好きというのは変人である。それは世と異なるが、世を超えない。坊さんになることが嫌いであるのは、健康な証拠である。無上菩提に向かうのは宗教的価値ということになる。宗教関心というものになる。

仏道を求めるのは好き嫌いではない。好きではなく、止むを得ず出かけさせられる。求めたのは求めしめられたのである。出家は、せしめられて出家する。それはせしめられた唯一の事件である。せしめられたのは煩悩であり、宿業に悩むしかない。悩むのは、ただ悩むのではなく悩ましめられる。菩提心は宿業のもっている意志、一つの祈りである。

だから、菩提心にだけ「発」という字を付ける。発菩提心。「正信偈」でも発は二か所しかない。「超発希有大弘誓」、「能発一念喜愛心」。信心を発《おこ》すところと願を起こすところだけである。発菩提心は我われの経験の中にあることだが、経験を超える経験、経験を破る経験である。そういう意義をもつ。「発」は菩提心にのみ言えることである。本願や信心について発したと言うのは、本願も信心も菩提心の限定だからである。菩提の意義をもつから、信心も発と言える。そうすれば二か所であるが一つである。我われがせしめられた事件である。する事件の中にあって、たらしめられた唯一の事件である。

なぜ兆載永劫が「正信偈」にないか

法蔵菩薩というのは、仏の因位である。因位ということが、我われと同じ位に立たれたということをあらわす。そういうことを、ここに「在世自在王仏処　観見諸仏浄土因　国土人天之善悪」という三句をもって、四十八願の前提としている。法蔵菩薩は我われと同じ比丘であった。我われと同じ人間であったということである。そして、そこに本願を起こされた。人間である位において、衆生の位において、一如の願を起こされた。衆生の位において一如が願になる。

願を起こすのに、世自在王仏の説法を通して起こされた。ところが、後に「五劫思惟之摂受（五劫《ごこう》、これを思惟《しゆい》して摂《しょうじゅ》受す）」とある。因位の中心になるのは「建立無上殊勝願　超発希有大弘誓」の二句であるが、その後に「五劫思惟」が出される。これは選択というものである。四十八願、別願をあらわすのが「五劫思惟之摂受」である。別願ということを選択本願と言う。

勝因段には「五劫思惟」が出ていたが、五劫に思惟して摂取する。経文には「具足五劫　思惟摂取荘厳仏国」（『大経』聖典一四頁）とあり、勝行段、勝果段を通して、「普放無量無辺光　無碍無対光炎王　清浄歓喜智慧光　不断難思無称光　超日月光照塵刹」（「正信偈」聖典二〇四頁）と、勝報段になる。

そこになると、法蔵比丘が法蔵菩薩に変わる。比丘が菩薩になる。菩提心においては、比丘が四十八願、別願を通して菩薩となる。

比丘と言う場合、我われと同じということをあらわし、菩薩と言うときには一切衆生を背負ったものが出てくる。比丘と言う方は菩提心から発遣されたものであり、発遣されたものを背負ったのが菩薩である。仏道に動かされたのが比丘であり、動かされたものを背負った位が菩薩である。菩薩と言うときには人類的な意義をもつ。

「重誓名声聞十方」までは、勝因段を要約してある。勝行段になると、不可思議兆載永劫において菩薩の無量の徳行を積植すると言ってある（「於不可思議　兆載永劫、積植菩薩　無量徳行」『大経』聖典二七頁）。願については「五劫」、願を行ずるについては「兆載永劫」と言ってある。願を発するのは世自在王仏のみもとの範囲であり、行ということになると世自在王仏を後にする。世自在王仏から離れる。これが大切である。そこに区別がある。不可思議兆載永劫に行ずるというところで、一切衆生の歴史とまったく一つになるということがある。

それを親鸞聖人が抜かしておられるのはどういうことか。取ってあるものも大切だが、抜かした面も大切である。五劫思惟の物語は「行巻」に置かれている「正信偈」に出るが、兆載永劫は「信巻」に出ている（『教行信証』聖典二一五頁参照）。それは重大であるがゆえに、ここから抜いてある。「信巻」の三心釈、その中の至心釈に勝行段の経文が引かれている。善導大師が『観経』の至誠心を解釈されるときに、勝行段の経文をもって至誠心の証明とした。だから、親鸞聖人は本願の三心を解釈されるときに、信楽を信心、欲生を願で解釈された。信と願を証明されるときには、本願成就の経文をもって証明とした。

だからその意味で、親鸞聖人は本願成就の経文を二分された。続いて読むと行の経文になる。行の一念になる。それを親鸞聖人は、行の一念から区別して信の一念とお考えになった。それで二分された。前半は本願信心の願成就の文として、「乃至《ないし》一念《いちねん》せん」（『大経』聖典四四頁）まで、一念を上にかえす。信心にかえしてある。「信心歓喜《しんじんかんぎ》すること乃至《ないし》一念《いちねん》せん」（同頁）。だから、それは本願信心の願成就の文である。

後の方、「至心回向」以下、それを本願の欲生心成就の文と言う。本願成就の文を信楽釈と欲生釈の二つに切って教証としてあるが、至心釈は外してある。至心は本願成就の経文から独立して教証を掲げてある。それが勝行段の経文である。

三心と言うが、至心は行であり、信楽と欲生は内容である。真に心という意義をもつのは、信楽と欲生である。至心は真実ということで、第十八願・第十九願・第二十願の三願を一貫している。「欲生我国」も一貫するが、至心は形式であり、欲生は内容として一貫している。三心は、欲生我国において立てられた、欲生我国の自覚をあらわす。その自覚を成り立たせている原理は欲生である。欲生我国の招喚に触れた自覚であり、三心の内容的原理である。至心は形式である。至心というのは清浄真実であって、信楽の信にしても欲生の願にしても清浄真実であるという形式的規定である。だから、至心は本願成就の経文から別に教証を求めてある。それが勝行段の経文である。

仏の兆載永劫の修行によるから難信

善導大師が勝行段の経文を用いておられることは、重要な意義をもつ。だから証文として至心釈に引いてあるが、そのお言葉は三心全体に用いてある。いかに重要な意義を親鸞が見出されたかがわかる。

善導大師の至誠心釈に「かの阿弥陀仏《あみだぶつ》、因中に菩薩《ぼさつ》の行を行じたまいし時、乃至《ないし》一念一刹那《いっせつな》も、三業の所修みなこれ真実心の中《うち》に作《な》したまいしに由《よ》ってなり」（『教行信証』聖典二一五頁）とあるように、善導大師は、兆載永劫を語ってある言葉を至誠心だけに用いられた。親鸞聖人が善導大師のその至誠心釈のお言葉を受けて、三心の全体に「ここをもって如来、一切苦悩の衆生海《しゅじょうかい》を悲憫《ひびん》して、不可思議《ふかしぎ》兆載永劫《ちょうさいようごう》において、菩薩《ぼさつ》の行を行じたまいし時、三業の所修、一念・一刹那《いっせつな》も清浄《しょうじょう》ならざることなし、真心ならざることなし」（同二二五頁）と言っておられる。

これは何であるか。「信巻」の御自釈に大信心の徳を述べておられるところがあるが、そこにも「しかるに常没《じょうもつ》の凡愚《ぼんぐ》・流転《るてん》の群生《ぐんじょう》、無上妙果《むじょうみょうか》の成じがたきにあらず、真実の信楽《しんぎょう》実《まこと》に獲《う》ること難《かた》し」（『教行信証』聖典二一一頁）が述べられている。因をとることが難い。仏に成ることは難しいことでないが仏に成る因の信心をとることが難い。続いて「何をもってのゆえ〔故〕に。いまし如来《にょらい》の加威力《かいりき》に由《よ》るがゆえなり。博《ひろ》く大悲広慧《だいひこうえ》の力に因《よ》るがゆえなり」（同頁）とあるように、「由」と「因」が難信の理由をあらわしている。

難信は不可能ということではない。今、特に信心を獲難いというのである。だからその理由を「如来の加威力に由るがゆえ」、「博く大悲広慧の力に因るがゆえ」と言われる。これは善導大師の三心釈から来たものである。

至心釈には親鸞聖人御自身の沈痛な懺悔の言葉が出ているが、それは善導大師の、「外《ほか》に賢善精進《げんぜんしょうじん》の相を現ずることを得ざれ、内に虚仮を懐いて、貪瞋邪偽《とんじんじゃぎ》、奸詐《かんさ》百端《ももはし》にして、悪性侵《や》め難《がた》し、事、蛇《じゃ》蝎《かつ》に同じ。三業を起こすといえども、名づけて「雑毒《ぞうどく》の善《ぜん》」とす、また「虚仮《こけ》の行《ぎょう》」と名づく、「真《しん》実《じつ》の業《ごう》」と名づけざるなり。……これ必ず不可なり」（『教行信証』聖典二一五頁）によっている。「何をもってのゆえに、正《まさ》しくかの阿弥陀仏《あみだぶつ》……」と続いて、勝行段の経文が入る。

仏の兆載永劫の修行によるから難信である。他力だから難である。この言葉が「信巻」の御自釈に「乃由」（『教行信証』聖典二一一頁）として出ていた。「不可なり」は『小経』の「不可以少善根　福徳因縁」（聖典一二九頁）から来た。不可ということを示すのは『小経』で充分である。何をもってのゆえに、という理由は、『大経』にかえって初めて明らかになることである。そこに「不可思議《ふかしぎ》　兆載《ちょうさい》永劫《ようこう》」（『大経』聖典二七頁）の修行がある。これは「信巻」の指南によると難信を示す。それが善導から来た。善導の三心釈は法蔵の物語によっている。物語ということによって、思弁的真理を象徴するのでもなく、ある事件を報道しているのでもなく、あらゆる事件を歴史たらしめる。歴史的原理をあらわすのが物語の形式である。本当の意味の現実の魂に触れるのである。

法蔵に最初に遇った人は善導であり、遇った場所は三心釈である。三心釈によって初めて、『大経』の中にある法蔵を自分自身の中に見出した。そのとき初めて、法蔵は神話性を超えたのである。その場所が三心釈である。善導がおられるにもかかわらず、誰も知らない。だから勝行段にあたる部分が「正信偈」からわざわざ抜かしてある。取り上げたものだけ見ていてはわからない。意識して抜いてある。如来浄土の因果の経文を「行巻」と「信巻」の二つに分けてある。

本願の歴史は衆生のある限り続く

信は機であり、行は法である。ここまでの「正信偈」の部分は『大経』を要約してあるが、これは仏法を語ってある。「一切群生蒙光照」まで仏、「本願名号正定業」以下は法を語る。念仏の物語である。本願を出し光明を出し、名号を出してある。

この物語の「法蔵菩薩因位時」から「必至滅度願成就」までを貫いているものの中で、代表する三つの観念は、本願・光明・名号である。善導は『往生礼讃』で、「しかるに弥陀《みだ》世尊、もと深重《じんじゅう》の誓《せい》願《がん》を発《おこ》して、光明《こうみょう》名号《みょうごう》をもって十方を摂化《せっけ》したまう。ただ信心《しんじん》をして求念《ぐねん》せしむれば、上一形《かみいちぎょう》を尽《つ》くし、下十声《しもじっしょう》・一声《いっしょう》等に至るまで、仏願力《ぶつがんりき》をもって往生《おうじょう》を得易《やす》し」（『教行信証』聖典一七四頁）と述べられている。「摂化」は法、阿弥陀仏の本願においては「光明」と「名号」が法である。信心為要と言うが、法がすでにある。我らにおいてはいただくことだけが残っている。信を掘り下げる。「正信偈」は信ずることのできた記録である。まだ信じていなければ、「行巻」に入ったとは言えない。親鸞においてはかくのごとしという、信ずることのできた全体を示して、人に勧められる。

「信巻」になると、信ずることが容易ではないことを示す。信心の歴史にかえって、本願の歴史成就の現実としての信心である、ということを示すのである。

兆載永劫は本願の歴史である。如来が起こされた願心が、願心のまま信心として成就する歴史である。兆載永劫には終わりがなく、五劫思惟には終わりがある。本願を行じて本願を衆生の上に自覚として成り立たせることは、衆生のある限り続くのである。こういうわけで五劫思惟をここに出し、兆載永劫は「信巻」に譲ってある。

「重誓偈」の意義

「法蔵菩薩因位時」から「重誓名声聞十方」までは、後の言葉を用いると「唯説弥陀本願海」の「本願」を説かれたのである。「普放無量無辺光　無碍無対光炎王　清浄歓喜智慧光　不断難思無称光　超日月光照塵刹　一切群生蒙光照」の六句は、「弥陀」である。弥陀と本願とを合わせて「海」と言う。因位の本願を「重誓名声聞十方」までに説き、その弥陀は本願成就の弥陀であり、その徳を光であらわす。

「重誓名声聞十方」は、重要な句である。「重」という字は一応「重ねて」と言うが、再応は「重要」の重であろう。これは、もとは『大経』の「重誓偈」を要約されたものである。経典としてはそうであるが、意義を深く明らかにされたのは善導大師である。これは「行巻」に引かれている『往生礼讃』の「しかるに弥陀《みだ》世尊、もと深重《じんじゅう》の誓願《せいがん》を発《おこ》して、光明名号《こうみょうみょうごう》をもって十方を摂化《せっけ》したまう」（『教行信証』聖典一七四頁）という言葉である。それは、諸仏と異なって阿弥陀仏の阿弥陀仏たる所以を語っている言葉である。そのように「重誓偈」の意義を、善導大師の伝統を通して親鸞聖人は見出されたのである。

十方衆生を摂化する方法として、「光明名号」がある。光明名号は阿弥陀仏自身である。仏自身をもって衆生摂化の法とせられた。阿弥陀仏は、単に仏ではなく仏法である。ここに「重」という字が出ている。

善導大師には同じく、『往生礼讃』の中に本願成就の経文の精神を語られる「当《まさ》に知るべし、本誓《ほんぜい》重願《じゅうがん》虚《むな》しからず、衆生《しゅじょう》称念すれば必ず往生《おうじょう》を得《う》」（『教行信証』聖典一七五頁）という言葉がある。「深重の誓願」と言い、「本誓重願」というように語られる。言葉だけではなく、精神を語られるのである。

本願は、名号をもって衆生摂化の法とせられた。名に本願が成就している。本願成就の経文は、「聞其名号」と「名」において本願が語られる。経文では「重ねて」と言うが、善導大師を通して「重い」という意義をもっている。それを通して、親鸞聖人はこの一句をもって来られた。

法蔵菩薩の時から五劫思惟の摂取として四十八願を語ってあったが、四十八願全体の意義は荘厳浄土である。浄土ということにおいて、自利利他円満の仏道を成就する。仏道を成就する願は、菩提心である。だから法蔵も世自在王仏を訪ねて「我無上正覚の心を発せり」（『大経』聖典一三頁）と言われるように、菩提心から出発している。

菩提心の問題は、仏道の問題である。菩提心を内に限定したものが、四十八願である。そこに浄土という問題が開け、浄土を通して仏道を成就するところに別願の意義がある。仏道から生まれて仏道を成就するという意義をもつ。

経文によれば、四十八願が終わると、重ねて誓う「重誓偈」が出ている。四十八願の前には「嘆仏偈」があり、後には「重誓偈」がある。これは偶然ではなく、この構造そのものが深い意義をもつ。「嘆仏偈」は四十八願の序分であり、「重誓偈」は四十八願の流通分であるという意味をもつ。

「嘆仏偈」はただ讃美ということではなく、讃嘆には内に讃嘆せしめ讃嘆できるもとがある。それを、実は菩提心と言う。だから「嘆仏偈」は菩提心をあらわす。総願をあらわす。仏を讃嘆するが、讃嘆するごとくその仏に斉《ひと》しからん、と。「光顔巍巍」（『大経』聖典一一頁）から「震動大千」（同頁）までは仏を讃嘆し、「願我作仏」（同頁）から願が出てくる。仏に成らんということを通して「一切の恐懼《くく》に、ために大安《だいあん》を作《な》さん」（同一二頁）という願が出てくる。「吾誓得仏　普行此願　一切恐懼為作大安」（同頁）。願作仏心によって、一切衆生の眼となり柱となり足となり道となり、帰依処をもたない衆生のための帰依処となろう、という願が出てくる。これが度衆生心である。

さらに「令我作仏　国土第一　其衆奇妙」（『大経』聖典一二頁）と「国土」が出る。衆生を成就しようと言うが、いかにして成就するか。国土において、願作仏心・度衆生心を成就しよう。総願と言うけれども、別願の意味をもつ。

浄土は菩薩道から出発する。大乗菩薩道と出発を同じくする。浄土という問題は、大乗仏道の根元のところに位置をもつ。付け足しではなく、無上仏道の方法論として浄土が出ている。すでに「嘆仏偈」の中に四十八願（荘厳浄土の願）を生み出す契機があらわされている。これは菩提心である。「重誓偈」は、四十八願の結論としてある。「重誓偈」は「三誓偈」とも言われるが、四十八願を重ねて誓うのに、三つの誓いをもって誓われている。「重誓偈」は四十八願に何かを付け加えたのではなく、また、四十八願のままでもない。重ねるということは、要を押さえるということである。重ねるということを推していくと、重いということになる。

しかし「三誓偈」の帰するところは、第三誓であろう。初めは四十八願において無上道に至ろうとする願である。四十八願をもって仏と成ろう。四十八願でなくても仏に成れるが、四十八願をもって仏に成ろう。仏に成ろうというのは、仏であることを証明する。これは証である。自内証である。証に立てば、諸仏に区別はない。仏々平等である。自証の世界に高下はない。

阿弥陀仏は衆生に対向する仏

仏は無等等である。無等にして平等である。無等なるものは、一つしかないのではない。絶対は一つしかないのでなく、無数にある。絶対が無数にあるという世界を、法界と言う。絶対は一つだというのが、人間界である。一つ一つが絶対であるのが、法界である。そこには、阿弥陀仏も諸仏も区別はない。

阿弥陀仏の阿弥陀仏たる所以を、善導大師の『往生礼讃』が応えている。願によって諸仏が区別される。仏という点で区別はないが、菩薩という点で区別される。菩薩を通して仏をあらわすのを成仏と言う。自内証は、成仏ではなく本仏である。自内証という点からは、本《もと》より仏である。菩薩を通してくると、それが仏に成る。仏に成ることを通して、仏であることを証明する。仏が仏であることを証明する。それが因位である。自内証は歴史を超えているが、それを歴史を通して証明する。そういうことを荘厳と言う。

仏の覚りは本より仏であるというのであるが、本よりというのは曽我量深先生の教学では本能である。仏に成った仏である。因を通して成仏する仏は、十二光、阿弥陀仏である。これは拝まれる仏である。本当は、我われは拝まれる仏より拝まれない仏の方に近い。それから言うと、我われは本より仏である。拝まれる仏より拝まれない仏の方が遠いように思うのが、支配的である。

支配的というのは、いつしかそうなるということである。人間の考え方は聖道的である。拝まれないのは、むしろ近いからである。近過ぎて拝めないのであると考え直してこなければならない。近いのは本能に近い。阿弥陀仏は、仏と言っても衆生に対して立つ。衆生に対向する、衆生に対している。それを阿弥陀仏と言う。ところが、自内証は対向以前である。それほど親しいものである。

自内証は、我われが衆生であるというところに感じているもの、触れているものである。それがなければ、衆生であることもできない。我われはいかに生死に悩んでいても、ただ悩んでいるのではない。そこに自暴自棄にさせないもの、あきらめてしまわないもの、人生は自分の勝手だと言わせないものがある。それは仏とも言えないが、我われが単に我われではなく、我われ以上のものであるという意義をもっているからである。いかに不遇にいても、自棄《やけ》を起こさず、また幸福にも満足できない。

そういうところに衆生がある。衆生が衆生である本能的自覚として感じられるもの、それが自内証である。それがなければ仰ぐことができない。仰ぐと言っても、仰ぎ得ることが可能でなければならない。仰ぎ得る根拠がなければならない。

阿弥陀仏は法であろうが、本来、仏である。仏というのはむしろ、機である。機を成り立たせている法である。そういうものが仏である。衆生にあっても仏に属する法である。そういうものにかえることができるからこそ、人を羨《うらや》む必要がない。他の道を追う必要がない。それは、本来の仏の自覚において言える。初めて自分にかえったことである。本願成就の阿弥陀仏に証明される仏ではなく、証明する仏である。阿弥陀仏は救いの成就であるが、救われたということは救われる必要すらなかったことを証明する。救いという言葉すら無用である。

本来、仏であることは、各自にもっている。法蔵は、四十八願をもってそれを証明する。無数の菩薩があることは、無数の証明の仕方があることである。阿弥陀仏は、四十八願をもって本来の世界を証明しようとするのである。それが「重誓偈」第一誓の「我建超世願」（『大経』聖典二五頁）である。

回施と回向

次は「我於無量劫　不為大施主　普済諸貧苦　誓不成正覚」（『大経』聖典二五頁）の「大施」である。総願は願作仏心・度衆生心であったが、四十八願を通してこれを成就する。それで第一誓は願作仏心に応えたのである。第二誓は度衆生心に応えたのである。

布施は何でもないことのようであるが、低い位をあらわす。願作仏心に応えている方は、「超世」という字が出てくる。これをとって親鸞聖人は「超発希有大弘誓」と言われた。第二句は反対になる。超えたものではなく低いもの、世を超えるのではなく世の方を出す。世を超えて世に順ずる。高く超えるというよりも、どこまでも低いところに立つ。世を超えるのは世を蹴飛ばすのではなく、世に順ずるためであるという。こういう意味があるのであろう。

一番低いところにかえってくる。超えない人はかえることができない。低いところにも危なくて立てない。低と言うと、今日の言葉では施ということであらわす。行の最も低いものである。六波羅蜜の最初である。六波羅蜜の最後の般若は世を超える智慧である。だいたい言うと、施・戒・忍はインドでは波羅蜜という意味をもたない。むしろ生天の行である。解脱涅槃の行ではない。だから、八正道には入れられていない、世間的な行である。それを止揚してくるところに菩薩道がある。これを捨てて涅槃だけを求めると、八正道の二乗の実践になる。これをもって、波羅蜜の契機にする。波羅蜜に止揚したのである。

施というのは、行として低いところを示す。四十八願でも、無三悪趣の願は低いところをあらわす。「嘆仏偈」にあるような「国泥洹《ないおん》のごとくして」（『大経』聖典一二頁）などとすぐに言わずに、無三悪趣の国と、低いところであらわす。低いということが超えるということとともに、大切なことである。「大施」は貧苦について言われ、それについての配慮である。低いというのは、「いわんやこれより而下《じか》なる事項《じこう》においてをや」（「絶対他力の大道」）の「而下」ということである。貧苦などは問題にならないことだと言わずに、それを問題にする。人間は、大事なことに悩まずにどうでもよいことに悩んでいる。それほど卑屈である。卑しい。ニーチェが「市場の蠅」（『ツァラトゥストラはこう言った』）と言ったが、それと同じような卑しさである。どうでもよいことに悩む。そこに現実がある。

大施は、たとえば、政治経済の問題に対する配慮である。信仰の問題と政治経済の問題と区別せずに、それを包んで来るのは菩薩道であり、そういうものを蹴飛ばすのは二乗である。これは絶望した一つの配慮である。絶望して愛することである。政治とか経済は絶望しなくてはできないものである。しかし、そういう人はほとんどいない。日本においては聖徳太子であろう。「国家の事業を煩《はん》となす。ただし大悲やむことなく」（『維摩経義疏』）は、仏教の精神から生まれてきた政治原理である。

もちろん俗諦と言っているのではなく、俗諦の形を借りてあらわされたのであろう。度衆生心の成就である。仏が衆生になることによって、ただ衆生の欲求に応えるなら俗諦だが、衆生になることによって仏とする。低い形で高いものをあらわす。貧苦というのはそのこと自体問題であり、布施というのも布施という形をとって仏道をあらわすのであるから、ものを与えるのではなく仏自身を与える。無上道の内容を与える。こういう意味から、ただものを遺るのではなく、波羅蜜としての施である。施は、回施という言葉があるように、回向に近いものである。

たとえば、曇鸞大師の『論註』に回向の精神をあらわしてあるのは、菩薩の巧方便回向と言われている一段である。曇鸞大師によって善巧摂化という名が与えられている。回向のところで曇鸞大師は、回向の相を二種の相として示され、巧方便回向のところで回向の名義が語られている。そのときに

「およそ回向《えこう》の名義を釈せば、謂わく己《おのれ》が所集の一切の功徳をもって、一切衆生《しゅじょう》に施与《せよ》して、共に仏道に向かえしめたまうなり」（『教行信証』聖典二九三頁）と言われる。

「回向の名義」は、往相も還相も共通である。「己が所集の一切の功徳」が回向するものであり、「回」を施という字であらわし、「向」は向であらわす。昔から三種の回向があると言われているが、これは回向の契機であり、種類から言えば二回向である。三種の回向とは、衆生回向、菩提回向、実際回向である。衆生回向は施、菩提回向は法、実際回向は無分別智を離れずに回向することである。巧方便回向の回向というのは、方便後得智に属す。方便般若を大悲と言う。大悲心は、後得智が体である。大悲と言うが、智である。根本智を離れずして、方便する。根本智のままで方便する。何ものも回向なくして回向する。回向するものを見ない。無心に回向する。遣《や》るのは惜しいけれども、という気持ちなしに無心に回向する。そういう場合に実際回向と言う。般若波羅蜜をもって回向する。

だから、三種回向の三種は契機をあらわす。何に＝衆生に、何を＝無上道を、いかにして＝根本智を離れずに、ということである。回向の名義を語っているところに施が使ってあり、そこに施が回向に高めてある。世間の施を仏道の施に止揚してある。だからここでは、大悲心を布施をもって象徴してある。

要するに、仏が仏自身を与える。ものを与えるのではない。自分自身が一切衆生の救いとならん、ということである。それを受けて、第三誓が呼び起こされる。第三誓は大悲心であり、それをいかに成就するかということである。『浄土論』に「回向為首　得成就大悲心故」（「回向《えこう》を首として大悲心を成就することを得たまえるがゆえに」聖典一三九頁）とあるが、回向が大悲心を成就する方法である。大悲心をあらわすのが第二誓である。大悲心は布施と言うが、回向の心である。大悲回向と言うが、大悲心は心に属するのが原則である。安心に属する。回向は、行に属するのが原則である。大悲は心に属し、回向は行に属す。「回向為首　得成就大悲心故」というのは、大悲心が回向という方法を見出し、回向によって大悲心を成就するということである。大悲心の行が回向である。回向心と言えば、大悲心である。能回向の心であるから、大悲心である。第二誓は、回向心である大悲心をあらわす。

本願においては名が仏法

そして第三誓に、正しく回向の行が出てくる。これは三つ挙げたのではなく、総願から四十八願が出、四十八願から重誓が出る。四十八願までは第一番目は自利であり、第二番目は利他であり、第三番目は国土である。菩提心の中に国土をもっていた。国土を方法として四十八願が開けてきた。ところが、四十八願をもって四十八願を重誓することになると、名ということになる。

「重誓名声」とある。国土の願を結論してくると、名声になる。内には国土を荘厳し、国土を荘厳したものに呼び覚ます。まず国土を荘厳する。そして、その国土に呼び覚ますために、如来は名の聞こえることを誓われた。

国土は浄土と言われるが、名声の方は穢土である。名号は穢土に呼びかけている。国土は浄土である。浄土は穢土を超えているが、浄土に呼び覚まされるのは、穢土の衆生である。だから名声が出てきた。菩提心が四十八願になったときには国土が出たが、四十八願を菩提心にかえすときに名声が出た。南無阿弥陀仏の本願に結論されてきたのである。名になって来た。これには深い道理があるのであろう。

「重誓名声聞十方」とは、十方諸仏の衆生界に名声を聞こえしめんということである。「重誓名声聞十方」は、次の「本願名号正定業」という言葉に響いている。五劫思惟の本願を重ねて誓って名声十方に聞こえんということになったが、その名声の意義を明瞭にして「本願名号正定業」と言う。名声と言えば何でもないようであるが、その重要な意義は「本願名号正定業」ではっきりする。声は仏の声、仏の名告りである。しかし「本願名号正定業」と言うときには、法をあらわす。正定業によっていかなるものも、仏とせしめる。仏の名に触れた者を、仏とせしめるのである。業も同じようであるが、業の出てくるのは業が強さをあらわすからである。業は牽引ということである（言葉の意味もそうであるし、叫びもそうである）。我われの意志を超えて我われを動かし、我われの運命を決する。そういう運命的な強さをあらわすものが業である。それに対して行は、明るい堂々たる言葉である。本願を実践する、願を行ずる言葉である。業は我われの運命を決するような言葉、つまり「する」とか「しない」とかを超えて、「せしむる」ということをあらわす。業という言葉は、我われの運命を応えている言葉である。

本願によって我われの問題に応えたのが、正定業である。正定業とは、往生成仏に定まることである。定めるのは本願であり、定まるのは我われの問題である。名号において定める。名号において、我われの問題が本願によって応えられている。「本願名号正定業」は、本願の名号が法であることをあらわす。「重誓名声聞十方」は、仏の声をあらわす。仏の名の深い意義は、「本願名号正定業」があらわしている。

阿弥陀仏の本願においては、名は仏をあらわすのではない。「重誓名声聞十方」だけなら、仏の名告りである。ところが「本願名号正定業」から見ると、我われをあらわす。我われに先立って我われが応えられている。南無阿弥陀仏において真の私に遇う。名のない仏はない。仏の名というだけなら重誓の意義はわからないが、それが重要なのは、阿弥陀仏の本願においては名が法であるからである。本願を離れるなら、名は名であり法は法である。

だから本願を離れれば、名は法の代用品である。そういう歴史を語るのが『観経』である。称名は仏教一般の立場からは高い位置にあるのではない。成仏の道は、般若の智慧以外にない。智慧を成就する観が、行法である。

本願に触れなければ、称名念仏は末席を汚しているにすぎない。それが、聖道門に置かれた念仏の位置である。念仏の歴史は二千年を貫くが、誤解された歴史である。道元禅師でも誤解している。本願に触れない限り誤解である。本願を通して、阿弥陀仏の名が初めて独自の意義をもつ。阿弥陀仏の本願においては、名が仏法である。仏であり、法であり、また僧である。我われが応えられている。仏法僧の三宝が名として本願に応えられている。それが重誓の意義であり、それに応えられたのが、善導大師の『往生礼讃』の文なのである。

摂取不捨は本願成就の体験

前に述べたごとく四十八願の後に「重誓偈」というのがあるが、「重誓名声聞十方」は「重誓偈」を一句で代表するものである。このことからも「重誓偈」を重くご覧になったことがわかる。四十八願の結論である。

「重誓偈」の深い意義は経典そのものが語るが、これは七祖の伝承を通して重誓の深い意義を親鸞聖人はご覧になった。七祖と言っても特に善導大師である。前に述べたごとく「重誓偈」の重誓は、経文から言えば、重ねて誓うことである。重ねて誓う所以は、四十八願の要点を明らかにしているからである。そういう意味から、重要なる誓いになる。

善導大師も『往生礼讃』に「しかるに弥陀《みだ》世尊、もと深重《じんじゅう》の誓願《せいがん》を発《おこ》して、光明《こうみょう》名号《みょうごう》をもって十方を摂化《せっけ》したまう」（『教行信証』聖典一七四頁）、「当《まさ》に知るべし、本誓重願《ほんぜいじゅうがん》虚《むな》しからず、衆生《しゅじょう》称念すれば必ず往生《おうじょう》を得《う》」（同一七五頁）と第十八願の心を述べられ、本誓と言い、重願と言われている。重いということをあらわす。そういうことを通して、言葉だけ借りて来たのではなく、重誓の深い意義を親鸞聖人は見抜かれたのであろう。『往生礼讃』の言葉「本誓重願」の内容を示す「重誓名声聞十方」は、因位の本願をあらわす。それが形を変えてすぐ後に、「本願名号正定業」となって出てくる。

本願の名号と言うが、重誓の方は名号の本願である。名号の本願が本願の名号になる。名号が本願というところに、重誓という意味がある。善導大師の『往生礼讃』の言葉から見ても、阿弥陀仏においては名号をもって本願とする。そこに、阿弥陀仏の本願が別願たる所以がある。一応浄土の本願であるが、限定してくれば名号の本願である。つまり名というものは、阿弥陀仏の本願においてはむしろ、仏法をあらわす。

一応仏の名は仏をあらわすが、仏たらしめる法をあらわす。本願をとってしまえば、名は仏をあらわす。いかなる仏も、名のない仏はない。ところが阿弥陀仏の本願においては、名をもって仏法とする。だから法ということになると、我らをして仏たらしめる。仏をあらわすというだけでなく、法をあらわすことになると、仏の名が我らを仏たらしめる行法になる。我われの問題が仏において応えられている。親鸞聖人が特に本願の名号と言われるのは、そういう意味である。

善導大師の六字釈（玄義分）は、本願の名の意義である。本願の名は仏の記号でなく、仏法である。本願によって我らの問題が、我らに先立って応えられている。また同時に、名義の問題が、特に善導大師の六字釈のところで明らかにされている。

六字釈は『往生礼讃』において、「ただ念仏の衆生《しゅじょう》を観《み》そなわして、摂取《せっしゅ》して捨《す》てざるがゆえに、阿弥陀《あみだ》と名づく」（『教行信証』聖典一七四頁）と出ているが、『小経』は経典自身が「何のゆえぞ阿弥陀《あみだ》と号する」（聖典一二八頁）ということを問題にする。『小経』は、極楽の名前、次に阿弥陀の名を明らかにする。国土、仏、さらに経典の名について、三つの名義を問答している。しかし経典の名義、国土の名義には深い意義はないが、仏の名義には重要な意義がある。

善導大師は、『小経』について、名義を問題にしたという点に深く注意されたが、答えは『小経』に依らずに『観経』に依られた。「念仏衆生摂取不捨」は『観経』（聖典一〇五頁）、「故名阿弥陀」は

『小経』（聖典一二八頁）の言葉である。二経を合わせて、阿弥陀の名義を善導は明らかにしておられる。

善導大師は、『小経』について、名義を問題にする点に深い意義を見出された。しかし国土、仏名、寿命を問題にしている点から見て、特に深い意味で名義を問題にしているのでない。体験の事実を離れ、きわめて啓蒙的な意義において名義を問題にする。

「光明無量」、これは徳をあらわす。きわめて啓蒙的である。「光明、無量にして、十方の国を照らすに、障碍《しょうげ》するところなし。このゆえに号して阿弥陀《あみだ》とす」（『小経』聖典一二八頁）は、平凡な話である。ところが、この光明が摂取不捨ということに代えられた。光明無量のゆえに阿弥陀と名づく、は字引にある。しかし摂取不捨は、阿弥陀をいかにいじっても出てこない。字引にはないことである。そうすると、名義という意味が、ただ普通の言葉の意義、語義ではないことになってくる。

摂取不捨は、阿弥陀仏の本願にたすけられた人だけにある。本願成就の体験を語る。ところが光が無量無辺無碍に照らすというのは、たすけられない人にも、たすけられた人にも区別なく照らす。無量無辺無碍は阿弥陀仏の本願の心、法の心をあらわすが、摂取不捨は機にあることである。たすけるということをあらわすのは無量無辺無碍であり、たすかったことをあらわすのは摂取不捨である。たすける方法がありつつ、たすからない。問題は一転して、機の問題になる。ただ阿弥陀仏として阿弥陀仏を述べたのではなく、機の体験において述べた。たすける仏をたすかった体験で述べた。摂取不捨は『観経』の中にあって『観経』を超えた言葉であり、『大経』の本願成就である。本願成就という体験の事実を的確に言いあらわしたのが、摂取不捨である。その言葉は『観経』にあろうが、どこにあろうが、本願成就の体験がなければ出ない言葉である。摂取不捨は、現在の救いをあらわす。未来往生を必要としない確信をあらわす。『観経』の中にあって『観経』を破って出た言葉である。

そういうことを、阿弥陀仏の義として結合した。名義の名は概念であり、概念の意義が名義である。名義というのは古くは『浄土論』にあり、瑜伽の教学では度々出てくる。唯識の教学においては、虚妄分別の内容である。そういう意味から言えば、概念の内容を語る。語義である。ベドイトゥング(Bedeutung)である。

ところが、我われがたすかったという事実、本願成就の信をいただいてたすかったという事実、その現在の事実を義という言葉であらわすから普通の義ではない。名に事実が与えられてある。信心を発すとか往生定まるとかという体験、空前絶後の事件を義として包んでいる。南無阿弥陀仏の義を我われが体験するのではなく、体験することが義として包まれている。本願を信じ本願をいただくということが、義として包まれている。

我われのそういう往生成仏の事件を応えている言葉が、南無阿弥陀仏である。概念の内容ではなく、言葉を超えたものを言葉に包んでいる。我われが信心をいただくということも往生することも、南無阿弥陀仏の外でやっていることではなく、南無阿弥陀仏の事実である。名義が普通の名義ではない。そういうことで、南無阿弥陀仏はロゴス(logos)、本願のロゴスであると思う。

真言と名号

阿弥陀仏の名は、ただ仏という概念を明らかにするような名ではなく、本願のロゴスである。それはベドイトゥングというよりもジン（Sinn）、実存的真理と言ってもいい。願即行は意味即事実である。願に触れたところに行に触れる。南無阿弥陀仏において我われの実存の問題は、意味即事実として応えられている。こういうことは、本願を離れてはない。

阿弥陀仏の本願においては、名が仏法である。仏をあらわすのみならず、法である。だから我われは、仏にたすけられるというよりも、法にたすけられる。南無阿弥陀仏が見出されれば、仏は要らない。また、たすけられるという体験も努力も必要ない。間に合わない体験などは要らない。法において、我われの実存が我われに先立って我われの予想を超えて応えられている。

「聞其名号、信心歓喜、乃至一念。至心回向。願生彼国、即得往生、住不退転」（『大経』聖典四四頁）は、名があっての話である。名号を受けて「至心回向したまえり」（『教行信証』聖典二一三頁）と言う。名号を離れれば、至心回向は場所がない。だから、浄土真宗は名号の仏教である。本願の言葉に依って立っている仏教である。本願の名号を体として、教・行・信・証、往還二回向が成立する。本当の意味の「真言《しんごん》」（同一五〇頁）である。

ただ真言と名号と違うのは、法ということがはっきりするかしないかである。ただ仏だけをあらわしているなら、念仏の陀羅尼《だらに》になる。陀羅尼という思想は、インドの仏教以前のもので、ヴェーダの祈禱の文化である。ヴェーダの伝統に立つと、インドの仏教は祈禱の宗教である。声常住論というものがあり、陀羅尼の起源は遠い。仏教は陀羅尼から出て陀羅尼を超えた。

回向の自覚が摂取不捨

真言と名号の違いは、特に善導大師のところで、名義の問題として取り上げられた。「ただ念仏の衆生《しゅじょう》を観《み》そなわして、摂取《せっしゅ》して捨《す》てざるがゆえに、阿弥陀《あみだ》と名づく」（『教行信証』聖典一七四頁）。ここでは、摂取ということが救いである。六字釈の方は『摂大乗論』の難に応えており、場所は玄義分に出ている。すでに『摂大乗論』の難に応えた人として道綽禅師がおられるが、道綽禅師は相手の立場に立って考えられた。善導大師は、積極的に本願の立場に立って『摂大乗論』の難に応えられたのである。

六字釈には、『摂大乗論』の難に応えて生まれたという事情がある。その結果、そこに出ているものは、その事情を超えている。「摂取不捨」は『往生礼讃』にあるが、親鸞聖人は、これを「行巻」に御自身の言葉として「十方群生《ぐんじょうかい》海、この行《ぎょうしん》信に帰命《きみょう》すれば摂取《せっしゅ》して捨《す》てたまわず。かるがゆえに阿弥陀仏《あみだぶつ》と名《な》づけたてまつると。これを他力《たりき》と曰《い》う」（『教行信証』聖典一九〇頁）と述べられた。

親鸞聖人は、善導大師の六字釈にわざわざ字訓を施されている。七祖の言葉に自ら字訓を加えられるのは、これに限る。善導大師の六字釈は四字と二字の中でも四字が中心であるが、親鸞聖人では二字が中心であり、眼目である。南無というところに眼目がある。二字の中に四字が包んである。善導大師の六字釈の方は回向が主であり、名義の方は摂取が主である。要するに南無阿弥陀仏の義は、回向と摂取に尽きるのである。さらに推していけば、回向に尽きるのである。

親鸞聖人は、南無阿弥陀仏において回向ということを感得された。回向が自覚になる。摂取不捨は、自覚の上に成立する救いである。仏法においては自覚が救いであり、自覚以外に救いはない。回向以外に摂取不捨はない。回向ということで、本願に立って自覚を明らかにした。自覚は種々に言われているが、しかし宗教における自覚は、デカルトなどの自覚に尽くされないものがある。したがって、逆対応の論理などは、普通の内在の論理では包めないものをもつ。

親鸞聖人においては、実存的自覚、万劫の初事と言われるような、人間を変革するような自覚を回向とあらわす。本願に触れた根元的な自覚をあらわす。回向という言葉は昔からある。また曇鸞大師は、二回向を明らかにされたが、『教行信証』で回向と言われるときには、これまでの伝統を超えてこれまでになかった自覚という意義があるのではないか。

回向は、もともと実践の一つの行法である。それは五念門の中の一つの菩薩行、実践概念である。それにおいて、大悲は心だが、回向は行である。それを親鸞聖人が自分の言葉としてお使いになるときには、「回向心」(『教行信証』聖典二三二頁)と心という字を入れられる。昔から言われる回向という言葉に即して、これまでにまったくなかったものをあらわすことがあるのではないか。すべて己証の法門はそうである。歴史なくしては生まれないが、歴史の集合ではない。行をあらわす概念が、心をあらわす概念になっているのではないか。

回向心は、すなわち回心である。回は回転《えてん》である。三願転入の場合、身や心は依止であり、依止の転回ということが回向である。立場の転回である。我と汝の転換である。宗教の自覚は、我われが内面に沈潜することではなくて、かえって我われは外に呼び出されることによって自己にかえる。我われが本願に触れて依転される実存の自覚をあらわす。南無阿弥陀仏の中にそれを見出す。南無阿弥陀仏において、と言ったときには、理性でなしにということが裏にある。回向の自覚があってこそ、摂取不捨である。回向の自覚が摂取不捨である。自覚がないと、摂取不捨に危険がある。その危険から救っているのが回向である。

　こういうことから見ても、善導大師のところに名の意義が語られている。名は、本願においてはロゴスである。我われの自覚と体験とを応えているロゴスであるということが、善導大師において明らかになっている。浄土の本願と言っても究極は浄土だが、要点は名である。浄土の自覚の門が、南無阿弥陀仏である。浄土は勝過三界であるが、門はここにある。門を得れば、浄土に往かなくてもよい。往くを俟《ま》たずして、浄土が来ている。その体験を摂取不捨と言う。

　触れればよい。南無阿弥陀仏は門である。四十八願全体は浄土であるが、四十八願を要約すれば名声である。名に帰する。重ねて誓うところに名になってきたが、そこに要点が明瞭になった。そのように見てくるのが第十八願である。四十八願が第十八願に帰したのである。

　回向は「如来、諸《しょう》有の群生《ぐんじょう》を招喚《しょうかん》したまうの勅命《ちょくめい》」（『教行信証』聖典二三二頁）である。その勅命に触れた体験だから、外から付けたものではない。名というけれども声、叫びである。『浄土論』でも「妙声《みょうしょう》功徳」（聖典一四〇頁）とあるように、声ということを補っている。善導大師が「本誓重願《ほんぜいじゅうがん》不虚《ふこ》」（『教行信証』聖典三九九頁）と言われるように、重願として見れば第十八願である。名号は、第十八願の「乃至十念」である。善導・法然の教学は、一願建立である。特に善導大師は「一々の願に言わく」（『観経疏』玄義分、真聖全一、四五七頁）と、第十八願を強調して言っておられる。四十八願を第十八願に摂して見ておられるのである。「しかるに弥陀《みだ》世尊、もと深重《じんじゅう》の誓願《せいがん》を発《おこ》して、光明《こうみょう》名号《ごう》をもって十方を摂化《せっけ》したまう」（『教行信証』聖典一七四頁）は第十八願であり、「本誓《ほんぜい》重願《じゅうがん》不虚《ふこ》」（同三九九頁）は第十八願成就である。重誓の重は、重ねてという意味であるが、重いという意味でもある。四十八願と言うが、第十八願に帰する。

念仏の歴史に私が召される

第十八願を、善導大師は念仏往生の願と言われ、法然上人は選択本願と言われる。親鸞聖人は、名声が選択されてあるということを受けて、「重誓偈」の深い意義を見出された。善導大師の指南を受けて、第十七願の己証の意義を見出された。第十八願を止《や》めて、第十七願にしたのではない。第十八願の問題を徹底して、第十七願を見出された。これは『教行信証』が初めてであろう。

ところが、第十七願は我われにとって一向にわからない願である。「設我得仏、十方世界　無量諸仏、不悉咨嗟　称我名者、不取正覚（たとい我《われ》、仏を得んに、十方世界の無量の諸仏、ことごとく咨《し》嗟《しゃ》して、我《わ》が名を称せずんば、正覚を取らじ）」（『大経』聖典一八頁）。「十方の諸仏に我が名をほめられん」とは、何を言わんとするのか。何か深い意味があるような気がするがわからない。阿弥陀仏は本願を立てるが、我が名をほめられんというのは、我が名を成就しようとすることである。自分の本願というものを諸仏にたたえられよう、諸仏を俟《ま》って本願を成就しよう。自分で成就するのでなく諸仏を通して、というところに深い意味がある。そこに人生の真理に触れたものがある。

自分で自分を証明しようとしても、自分だけでは自分の間違いないことは証明されない。他がうなずくことによって成就する。人生の深い道理に触れている。本当に間違いのないものなら、必ず人はうなずく。それが歴史である。歴史が証明する。諸仏は、仏法の歴史を象徴するものである。

諸仏の名は、たいした名が書いてある。これは位牌のようなものである。あれは経典から住職が付けたものであるが、禅宗では『三千仏名経』というものがあり、それで付ける。堂々たるものである。しかし、もとは太郎兵衛である。宿業の名が位牌の裏にある。そういうものが地盤である。宿業が歴史の基体であり、それが本願という仏法の大菩提心である。本当の意味の主体である。本願によって基体になるものが、法界を荘厳する名にかえられた。本願を通して太郎兵衛が仏に成った。それが戒名というものである。

そう考えると、大乗経典が無数の諸仏を語ることがわかる。空想ではない。太郎兵衛のない空想ではない。たすかった歴史、無数の人々の救われた歴史である。たすけんという本願を、たすかった歴史が証明する。大千感動してうなずいた。第十七願は、そういう歴史によって阿弥陀仏の本願を証明するということを語っているものではないか。非常に意味の深い願である。

的確にはわからないが、何か深い真理に触れたものである。それを親鸞聖人は、大行を回向する願と言われる。諸仏称名という言葉には、諸仏称讃、ただ称《ほ》め讃《たた》えるという意味しかないが、そこに回向という字を親鸞聖人は入れられる。阿弥陀仏の本願を十方諸仏の世界の衆生に成就しよう。その意味から　往相回向の願と言われる。

それまでは、第十七願は欣慕《ごんぼ》の願と言われていたが、親鸞聖人は往相回向という意義を新しく見出された。本願を衆生に回向する願は第十八願には違いないが、第十八願では選択ということは言えても、回向するということは出てこない。第十八願を直接にいただけば個人体験となり、いつしか第二十願になる。親鸞以前の第十八願は、第二十願との区別はない。第二十願は本来、第十八願の中にある。だからわからない。親鸞聖人が第十七願を見出されてくるところには、同時に第二十願を見出されたことが対応している。第十八願の念仏を直接に体験として見るならば、第二十願である。第二十願は体験の念仏、つまり体験主義である。そうではなく、第十七願は歴史が入る。主観的・個人的なものを完全に超えた歴史である。南無阿弥陀仏を私が称えるのではなく、称えられていた歴史の中に我われが生まれた。念仏の歴史の中に私が生まれた。召されたということである。

第十八願を第十七願に映す

親鸞聖人は、第十七願によって第十八願の歴史の原理を見出された。本願を歴史として成就する原理である。我われは本願の歴史に遇えば、本願が私の自覚として成就する。第十八願に直接的に遇うのではなく、第十七願に映して間接的に仏法に遇えば、そこに第十八願が至心信楽として、信心として成就する。

親鸞聖人は、第十八願を第十七願に映してご覧になった。そうすると、第十八願に、まったく新しい至心信楽の願という意義が見出される。そのことによって、第十八願は信心の願として成就する。願が信として成就する。行を媒介として、諸仏の歴史を通して、阿弥陀仏の本願が私の上に信として成就する。諸仏を媒介として、弥陀が私となる。阿弥陀仏の本願が、我が信念として成就する。

本願にたすけられるのではない。信心にたすけられる。一つの確信として、信心自身が救いの力をもつ。その信念が成り立つ。それは第十七願という歴史を通して、大行の歴史を通して、歴史を超えた本願が個の自覚として成り立つのである。

第十七願の意義を、親鸞聖人は「重誓偈」をもって明らかにされた。「重誓偈」と言うが、第三誓に帰着する。善導大師において、「重誓偈」は第十八願をあらわす。親鸞聖人では第十七願になる。本願が本願のままで、我が信念として成就する。等流する。願が願を止めずして、如来の本願を私の主体として成り立たしめる大きな媒介が、第十七願である。第十八願は、直接に成就はしない。直接に成就すると、第二十願になる。

第十八願が、真に成就する如来の深広なる御心である。純粋無雑なる貧者の一燈として、我が信念として成り立つのは、ひとえに第十七願にかかっている。第十七願あって、第十八願が第十八願になる。第十七願では称名が出たが、「重誓偈」では「名声超十方　究竟靡所聞　誓不成正覚（名声《みょうしょう》十方に超《こ》えん。究竟《くきょう》して聞ゆるところなくは、誓う、正覚を成らじ）」（『大経』聖典二五頁）とあるように、聞名が出ている。聞は第十八願の成就である。聞を成就する。聞は衆生に属し、称は諸仏にかかる。称名は諸仏にかかり、聞名は衆生に属す。諸仏の称名を誓うのは、衆生の聞名を成就せんがためである。聞名は「聞其名号、信心歓喜」（同四四頁）をあらわす。

第十七願において、第十八願は信として成就する。親鸞聖人がこういうことを見出されたのは、直観ではない。内には本願成就の経文、外には異訳の経文に照らして、次第に明らかにされた。『大経』の下巻には、第十一願成就、第十七願成就、第十八願成就が出ているが、証を後にもってきて、行・信・証とした。しかし、行信は変わらない。其という一字をもって、第十七願・第十八願が一つの事業を完成する願であるということをあらわしている。異訳の経文では、第十七願と第十八願が一つになっている。一つであるのが本来である。一つのことを完成するために二つある。一つの事業というのは、第十一願の事業であり、それを完成するために行信を立てた。信を行として回向したのである。

我われの信心と言うが、歴史の中にある。もう歴史に遇うだけである。そこに信が成就している。体験に移すというような余裕はない。そうであったか、というようなものである。ザッハリッヒカイト（Sachlichkeit）の自覚である。信じたままが南無阿弥陀仏、意味即事実が南無阿弥陀仏である。信心を信心として押さえてみれば、南無阿弥陀仏である。体験があるのはつかんだことである。事実は手を離したことである。

南無阿弥陀仏を我が信心だと言えたのが、信心である。我が、と付いたとき、仏の名が、我がための本願である。我が、と付いたのが、信心というだけの話である。親鸞聖人が「重誓名声聞十方」と言われたのは、四十八願における第十七願の意義が四十八願の結論であることを見出されたからである。後に「本願名号正定業」と掲げられる所以である。一応、善導大師は、「重」に意義を見出されたが、親鸞聖人はそのままではなく、「重」に第十七願の重要性を見出されたのである。

我われは、ここに歴史があり、すでにこの道あり、という確信があるから、独り静かに自分を掘り下げることができる。第十七願は堂々たる願である。歴史があるから独りよろこぶことができる。友達を誘う必要のない人に友達ができる。一人でも満足できるから、皆と一緒に行ける。第十七願が僧伽の原理である。だから、親鸞聖人は「証巻」に「遠く通ずるに、それ四海の内みな兄弟とするなり。眷属《けんぞく》無量なり。いずくんぞ思議すべきや」(『教行信証』聖典二八二頁)という『浄土論』の言葉を掲げておられる。そして、その原理である「同一《どういつ》に念仏して別の道なきがゆえに」(同一九〇頁)というのを「行巻」に掲げておられるのである。

歴史の保証があるから、宣伝や広告の必要がない。第十七願は歴史の確信を与える願である。孤独で居る。友達のいないのが罰である。歴史の中にありつつ自己に閉じこもっているのが罪である。仏智疑惑の罪である。地獄に落ちるのは、たすからないことではない。三宝見聞の利益がない。地獄を恐れる心が恐ろしい。地獄を恐れる心は地獄を憎む心であり、業の結果を引き受けない心である。それが憎まれなければならない。

すでに本願あり

前のところを見てみると、因の本願と果成の光明が説かれてあった。これは『大経』に依っているが、『浄土論』と『論註』によって見ると、仏願力というものになると思う。曇鸞大師は、仏本願力を仏力と本願力の二相に分けて解釈しておられるが、そういうところから見ると、本願と光明は仏本願力になる。

本願は衆生の因位に立って、衆生に如来の因位を見出す。衆生に立って本願を起こし、浄土を荘厳された。だから、衆生を機として本願があるわけである。如来が、衆生界を機として、一如の願を見出され、それをもって浄土を荘厳された。本願は、衆生界に立場がある。それに対して、光明は浄土が立場であろう。光は浄土に属するものである。浄土の光が、逆に生死界を照らして来る。本願の方は、衆生界を機として浄土を荘厳し、光明は浄土をもって衆生界を照らす。如来浄土の因果である。

浄土と穢土ということになると、穢土の衆生を機として浄土の願を見出す。浄土において穢土を照らすのが光である。（**図3**参照）

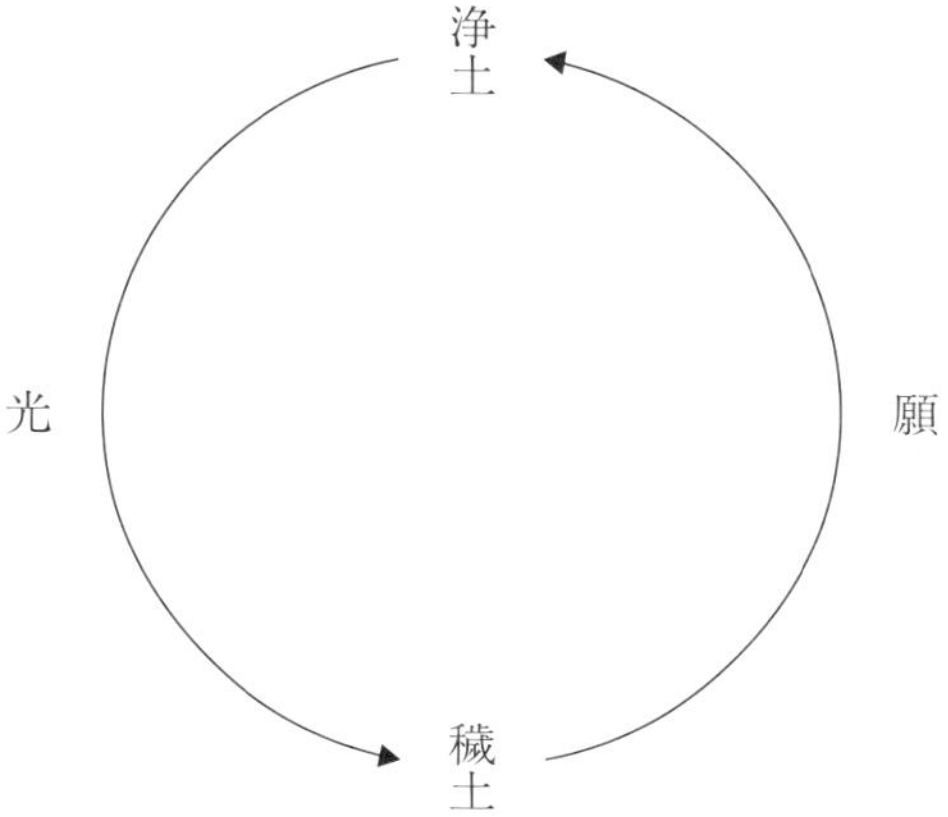

図3

曇鸞大師は、仏本願力を本願と仏力に分けられた。親鸞聖人もその伝承を通して、釈尊の背景となっている世界を、本願と光明との二つの相をもって明らかにされた。それらが、仏教以前の世界、歴史以前の世界を代表するものであろう。

それらの基づくところは、『大経』であり、仏教の根元である。親鸞聖人はそれらに真宗教学の根元を見られて、この二つを「総序」の中で「竊《ひそ》かに以《おもん》みれば」（『教行信証』聖典一四九頁）と言われる。光明や本願は竊かに以みるものである。理知でもって弄することのできないものである。「深広無涯底」（『大経』聖典五〇頁）の世界を代表する。基づくところは『大経』であるが、親鸞聖人は上三祖を通しておられる。直接に『大経』を解釈するのでなく、『大経』の解釈の歴史を通して『大経』の教説をいただいておられる。それによって真宗の根元を明らかにされる。

本願についての「難思《なんし》の弘誓《ぐぜい》は難度《なんど》海《かい》を度《ど》する大船《たいせん》」（『教行信証』聖典一四九頁）は龍樹菩薩に、光明についての「無碍《むげ》の光明《こうみょう》は無明《むみょう》の闇《あん》を破する恵日《えにち》なり」（同頁）は天親菩薩の『浄土論』の光明功徳によられた。龍樹菩薩が弥陀の易行のところに「かの八道の船に乗じて、よく難度海を度《ど》す」（同一六六頁）と言われているが、これを因果の相であらわされるのが曇鸞大師である。親鸞聖人は、本願の方を「度難度海」、光明の方を「破無明闇」と分けておられる。本という字は因をあらわし、光は果をあらわす。度されるところの難度海は生死の果であり、無明は因である。このように、因果が二重に組み合わされている。

こういうところから見ても、仏の本願の因は難度海を機として起こされたのである。無明によって生死流転している衆生を機としてである。難度海を難度海たらしめているのは、無明である。難度海の衆生を機として、本願が起こされている。難度海は穢土の果であり、無明は穢土の因である。穢土を機として、そこに荘厳浄土の願が起こされている。浄土の光をもって、逆に生死を照らしてくる。こういう形である。業によって悩んでいる。本願の方は絶対必然、光明の方は絶対自由をあらわす。絶対必然を通して絶対自由をあらわす。

こういう言葉を通して、どういう心が語られているかと言えば、すでに難度海を度する本願あり、ということである。我われに先立って本願あり。我われを超えて、本願が光として成就している。こういう言葉を通して、流れている心は、すでに本願ありということである。罪業深重もおそれとしないという確信があらわされている。無明を破する恵日、とはすでに夜は明けたということである。そのことによって「散乱放逸《さんらんほういつ》もすてられず」(『正像末和讃』聖典五〇三頁)という確信があらわされている。すでに本願ありということで「罪障《ざいしょう》おもしとなげかざれ」(『正像末和讃』聖典五〇三頁)という、無明を破る光ということで「智眼《ちげん》くらしとかなしむな」(同頁)という心があらわされている。我われの智慧が仏の上に成就されているから、難度海を度する行を今さら必要としない。本願自身が我らの行を応えている。なげきかなしむな、という確信をあらわすのが他力である。曇鸞大師の言葉で言えば、他力の世界であろう。『浄土論』によれば、如来浄土の因果は仏本願力であり、それによって他力をあらわす。そういうことが述べられてあった。

衆生を超えた他力の世界が、衆生の形をとる

今度は「本願名号正定業」から始まる四句である。そこからは言葉の調子も内容も一変する。前は本願と光明とがあったが、今や名号が出てくる。もちろん、名号は「重誓名声聞十方」からあらわれてきたのであるが、前の場合は名声というのが本願の中にあった。今は本願の名声であり、前のは名号の本願である。今や、本願の名号という形をとってきた。本願光明と言っても、名号が出ないと具体的なものにはならない。手を触れるわけにはいかない。本願は他力の世界、不可称・不可説・不可思議の世界である。それがないとたすからないからと言って、直接手を触れることはできない。

難度海を渡ろうとすることがいよいよ難度海にし、無明を破ることが無明の中の出来事になってしまうので、それがなければたすからないが、手を触れることはできない。それが今や触れる場所が見出された。名号なしに、本願にも光明にも触れることができない。名号について、よく六字とか一声称念とか言われるが、字だの声だのというのは物質である。誰にも暗中模索する必要のないはっきりした形をあらわした。目に障害があっても見え、耳が不自由であっても聞こえる。物質にまでなってはっきり形をとった。言い切られた。我われを超えた他力の世界が、我われ衆生の形をとってきた。

名言というのは人間だけにある。名言薫習は我われの経験をあらわす。特に名言ということで、人間である経験をあらわす。名言は分別をあらわす。名言分別で、経験が人間的であることをあらわす。言葉とか名とかは人間だけにある。人間を超えた本願や光明が我われに名告り、我われに光として成就する。本願に形はないが、我われを形とする。形なき一如の世界が我われを形とする。

問題は具体化されてきた。前の記述と比較して、本願名号というものは対応が特徴的である。前は、竊かに以みた。仏教の世界というよりも、仏教の背景になる世界、神話の世界である。本願や光明は神話的世界の根本概念である。仏教が生み出した言葉ではなく、仏教もそれから生まれてきた言葉である。真に人類的な概念、人類と共に生まれたものである。仏教は自覚の光である。人間が人間を自覚することを見出したのが仏教である。神話というのは物語であり、理屈はない。法蔵と言ってもわからないし、重誓名声聞十方と言っても我われにはわからない。何か意味深そうではあるが、的確に概念的に把捉し得ない。と言っても無意味ではなく、意味深さが盛られてある。

そういう世界をあらわす文学形式が、童話や物語、メルヘンである。必ずしも物語であらわさなくてもよいというのではなく、物語的にしかあらわし得ない、論文にはなり得ない。しかしあらゆる論文を包むものであり、源泉である。

だから『大経』の勝因段の言葉は「仏告阿難。乃往過去、久遠無量　不可思議　無央数劫」（聖典九頁）と始まっている。この言葉が、昔話であることを物語っている。「行巻」に親鸞聖人が、「如来浄土《じょうど》の因果」「衆生《しゅじょう》　往生《おうじょう》の因果」（『教行信証』聖典一八二頁）と、『大経』の科文を引かれる。これは憬興師の科文である。科文を科文の必要から引いたのでなく、科文を科文でない意義として証文として引かれたものである。南無阿弥陀仏のいわれをあらわすものとして引かれた。それは、南無阿弥陀仏をいただくことは『大経』の全体をいただくことだという意義をあらわす。

因果と縁起

「法蔵菩薩因位時」は如来浄土の因果、「本願名号正定業」は衆生往生の因果である。憬興師によって二種の因果があるが、それを解釈するにも憬興師をもって解釈される。そこに『悲華経』の「無諍《むじょう》王《おう》この方《ほう》にましますことを。宝海もまたしかなり」（『教行信証』聖典一八三頁）という経文を引かれる。「無諍王」というのは弥陀のことであり、宝海梵士は釈迦のことである。もちろん『悲華経』は『大経』の異訳ではない。弥陀とか法蔵とか釈迦という名前ではないが、阿弥陀仏の本願を背景として、釈尊の穢土の成仏が説かれる。釈尊の大悲である。その背景は浄土である。それが弥陀である。弥陀を背景として釈尊の大悲をあらわす。

『悲華経』に依ると、法蔵とか弥陀ではなく変わった名で出ているが、宝海梵士と言われているのは釈迦である。今では釈迦であるが、釈尊の因位である。それはジャータカ、本生譚である。物語とか神話を仏教学の用語で言うとジャータカである。変わった名で出ているが、『悲華経』を引かれた。遠き背景をあらわす。弥陀とか釈迦とかと言うと一度だけだが、実はこの世で釈尊が弥陀に遇ったのは、過去にすでに遇ったからである。「乃央過去　久遠無量」をあらわすために『悲華経』を引いたのである。

衆生往生の因果をあらわすところで「久遠《くおん》の因に籍《よ》りて仏に値《もうあ》い、法を聞きて」（『教行信証』聖典一八二頁）とある。「乃央過去　久遠無量」は、如来浄土の因果をあらわす。衆生往生の因果と言うが、それは久遠の因果を背景とする。我われは、如来浄土の因果と言うと早飲みこみするから、感銘がない。教理的理解に止《とど》まる。しかし親鸞聖人が、引き続いて『大経』を憬興師の大科によって解釈されるのは、憬興師が『悲華経』を重んじられるということがあったからである。久遠の因果という点を明らかにするために、憬興師を重要視されたのである。

これは「遠く宿縁を慶《よろこ》べ」（『教行信証』聖典一四九頁）である。今日、本願に遇って信を獲た者は遠く宿縁を慶べ、というのである。単に今日ではない。今日は曠劫多生の因縁、今日救われたのはそれで済んだのではなく、未来の人類に響いているのだということである。今日遇ったのは、道に遇ってたまたまぶつかったというものでなく、遇うべくして遇ったのである。キリスト教のように神の予定調和というような教理ではなく、計画を超えた計画である。仏教で言う因縁である。因果は縁起である。単に因果ではない。因縁で解釈したのである。

因果と縁起とを同じように考えるが、違う。因果は仏教にあるのではなく、世間にある。世間において誰でも通ずる。因果は仏教から出たものではない。外道にも、またインドだけでなくギリシャにでも用いられる。無数の範疇の根元的なものである。ショーペンハウアー（Arthur Schopenhauer）は、十二も要らない、因果だけでよいと言っている。因果は自然界を成り立たせる範疇である。生物界、歴史界には当てはまらない。

自然科学の根本範疇が因果である。しかし、因果が根本範疇であるために、あらゆる範疇を全部因果であらわす。説一切有部では六因、唯識では十因を立てる。如来に因果は適用しないが、それでも因果を立てる。因果は仏教から出たものではないが、縁起は仏教だけにある。仏法の方は縁起法である。因果は世俗諦に属する真理であり、四聖諦は両重の因果である。四諦は世俗諦ではないが、世俗諦の形であらわした。縁起の方は第一義諦に属する。だから龍樹菩薩は、縁起のことを空と言い、仮と言い、中と言う。仮というのは、空と言うも仮であるということである。空は空をあらわすものではなく、空でも有でもないものをあらわす。だから、空と言うも仮であると言う。

空仮中は第一義諦である。小乗の方では四聖諦と言うが、大乗では二諦と言う。「諸仏は二諦に依りて、衆生の為に法を説きたもう」と『中論』(「観四諦品第二十四」)にある。如来浄土の因果というのも、世俗諦の形であらわすのである。だから、単に因果ではなく、久遠の因果、縁起の因果である。縁起はプランを超えたものである。計画よりも正確であり、論理よりも精密である。実に現実をして現実たらしめている法則である。縁起は、一即一切である。一があるのは、一切が条件である。今日あるのは、過去の全体が条件である。歴史の成就を今日と言う。歴史から成就して、歴史を生み出すものである。それを「一切群生蒙光照」までの世界が語っているのである。

ところが、それに対して本願名号と言うと、物語ではなく厳密なものをあらわす。遠い世界に対して近く、しかも我われに親しい形をとってあらわされている。久遠の世界が、近く親しい世界に具体化されている。それを回向と言うが、回向の体は名号である。

果は因を成就する

この四句は前とまったく違って、物語の性格を一点ももたない。これは、前が如来の因果を示してあったのに対して、衆生の因果を示す。したがって、前は如来の因果であるから、『大経』上巻の経文の内容であり、それに対して、これは下巻の大意である。前は如来、今度は衆生である。如来が衆生をもって具体化されてきた。それを代表するのが名号である。

そのように内容を分析的に見ると、前が如来、今度は衆生ということになるが、「正信偈」の偈文の形式から言うと連続している。つまり、文章が改まるのは「如来所以興出世」からである。如来の因果と衆生の因果は内容から言うと違うが、それは『大経』の上巻、下巻に依ってある。『大経』に依ると言っても、「如来所以興出世　唯説弥陀本願海」は、一尊という形で述べられているのである。

総じて言えば、釈尊は弥陀の本願海を説かれた。釈尊は阿弥陀仏の本願を出世本懐として述べ説き、本願に対して我われの信を勧める。こういう形で依経分の全体ができている。

そうすると下巻を上巻と分けずに、下巻の教説をもって上巻の意義を明らかにしてある。浄土荘厳は如来の問題であるが、我われの往生の因果はどうして成り立つかという、往生浄土は我われの問題である。我われの問題であるが、我われの力でそれを成就しようというのではない。如来の因果は他力だが、そうかと言って我われの問題を自力で解決しようというのではない。我われの問題は、上巻で述べた他力にいかにしてたすけられるかということである。他力に乗るか乗らないかという一点が、我われに残されている。

衆生の因果と言っても、本願によって応えられている。本願成就して、本願が我らの因果として成就する。本願成就の上に、我われの因果が答えられている。上巻が本願なら、下巻は本願の成就である。本願の成就として、我われの衆生の因果が成り立つ。本願は深い意味をもつが、それは的確にはわからない。しかし、本願の意義は成就を通して明らかにされた。本願が何を語るのかは、成就が示す。それがこの四句である。

本願成就によって本願の意義を明らかにする。そういう意味から、四句は前に属する。たすける本願の意義は、我われがたすかるということを通して明らかにされる。何を教えているかは、我われが教えられたことが決定する。

本願成就ということは二重の意義があり、本願が成就するという意義と、同時に本願を成就する意義もある。我われが本願にたすけられるのは、たすける本願の空しくないことを証明する。証《あか》しに立つのである。因が成就するだけではなく、因を成就するものを果と言う。衆生の往生の因果は下巻に属するという意義もあるが、成就によって因願の意義を明らかにしてあるから、上巻に属する。

本願と光明は、仏の因果であって仏を示す。名号となるときには、単なる仏ではなくて仏法を示す。本願と光明は他力の徳であり、それが名号という仮の存在となる。如来そのものを押さえれば一如であるが、一如はものではない。ものがもののごとくあることを、如と言う。ものではない。如来そのものと言えば不可得であり、一如の徳をもってあらわす。一如の徳以外に仏はない。本願と光明は仏徳を示す。本願、光明以外に何か実在があるのではない。何か実在を付けると、悪い意味の神話になる。実体化された神話になる。物語であることを止める。物語がどこまでも物語に終わるところに、純粋になる。人生観になったりしたら、越権である。

「本願名号正定業　至心信楽願為因　成等覚証大涅槃　必至滅度願成就」の四句までは仏を述べた。それがここで法にまで具体化した。仏法は、仏に成らしめるのを法と言う。これまでは仏が示されたが、我われを仏たらしめるものが示されなかった。法がなければ、仏を求めても堂々巡りである。なげきかなしむ必要がないという仏の力が、法にまで具体化されている。本願の名号が唯一の仏法である。呼びかける名号の中に仏があり、また、呼びかけられた我われもある。

大行大信は歴史的現実

「本願名号正定業　至心信楽願為因　成等覚証大涅槃　必至滅度願成就」。これは文章の形式から言うと、前に連続して上が結ばれている形である。しかし、文章の内容からは、本願という言葉は、我ら衆生の世界から見ると大きな背景になるものである。『大経』が語っているように、「乃往過去、久遠」（聖典九頁）である。「法蔵菩薩因位時」から「一切群生蒙光照」までは、勝因段の経文と勝報段の経文が引用されている。本願を、遠くして高い、広大にして深遠であると言う。我ら衆生の歴史以前の背景が語られている。そういう世界を代表する観念が、本願や光明である。これらは仏教の言葉というようなものではなく、むしろ仏教を生み出してきたものである。それが、近く我ら衆生の上に帰結された言葉である。我らの背景が、我らに帰結されている。「本願名号正定業」は行をあらわす。大行をあらわす。

親鸞聖人は自分の言葉を自分の言葉で解釈しておられるが、「「本願《ほんがん》名号《みょうごう》正定業《しょうじょうごう》」というは、選《せん》択《じゃく》本願《ほんがん》の行《ぎょう》というなり」（聖典五三二頁）と『尊号真像銘文』で言われる。「成等覚証大涅槃　必至滅度願成就」は大悲心を語る。これが「正信偈」の偈前の文に「おおよそ誓願《せいがん》について、真実の行信《ぎょうしん》あり、また方便の行信あり。その真実の行願《ぎょうがん》は、諸仏称名《しょうみょう》の願なり。その真実の信願《しんがん》は、至心信楽《しんぎょう》の願なり。これすなわち選択《せんじゃく》本願の行信なり。その機《き》は、すなわち一切善悪大小凡愚《ぼんぐ》なり。往生《おうじょう》は、すなわち難思議《なんしぎ》往生《おうじょう》なり。仏土は、すなわち報仏報土なり。これすなわち誓願不可思議《せいがんふかしぎ》、一実真如《しんにょ》海なり。『大無量寿経《だいむりょうじゅきょう》』の宗致、他力真宗の正意《しょうい》なり」（『教行信証』聖典二〇三頁）と言ってある。この中心は結局、行信である。行信の機を言い、その機が大行大信によって得る利益を仏土と言われるが、中心は大行大信である。これによって、真実報土に難思議往生を得せしめる。「正信偈」は、大行大信が主になっている。「正信偈」の依経分で、正しく大行大信を語るのは、この二句である。

行信と言えば、深く広い背景が近く我ら衆生の機の上に帰結されている。その機は一切善悪大小の凡愚であるが、凡夫という機の上に、それを近いと言う。その機の上に、深く広い背景が大行大信として帰結されている。遠く深い不可思議の本願光明をもってあらわされる世界が、凡夫の機の上に帰結されているのが行信である。機を離れれば、行も信もない。行信と言えば、機を離れてはないことである。機の上に現行している。だから、これは重要な句である。その意味で、背景は何の背景かということがわからないとどうにもならないが、ここでは、大行大信の背景は明らかである。これを受けてこの後「如来所以興出世」が出ている。

そういう意味で、「法蔵菩薩因位時」から「一切群生蒙光照」までは、行信の背景であり、「本願名号正定業」から「必至滅度願成就」は、無限に深い本願光明の背景を受けて出ている。だから、文章の形から見ると上に接続している。しかし内容から言うと、我ら衆生の上に衆生往生の因果が出ている。

だから『大経』から見ると、我ら衆生の因果は下巻に置いてある。上巻は如来浄土の因果、如来の世界である。それを見出すところの道が、下巻に行信道として説いてある。四句は内容から言うと下巻であるが、文章の形から言うと上巻である。

どうしてこういう形になっているかと言うと、「行巻」を一貫し「正信偈」を一貫するものが、まず法を掲げて信を勧めるという精神であるからである。「如来所以興出世」から文章の形が改まり、「難中之難無過斯」でそれが結ばれている。「如来所以興出世　唯説弥陀本願海」全体は、弥陀の本願海を述べてある。これは法である。弥陀の本願海を説かれた経典が『大経』である。そういう本願の法を掲げて、それに対して「応信如来如実言」と、五濁悪世の我らに信を勧める。

まず法を掲げて信を勧める。こういうことが、「行巻」を一貫し「正信偈」を一貫する精神である。依釈分では「唯可信斯高僧説」である。これは信を勧めてある。そういうことが第十七願の精神である。法を掲げるというのは、法を讃嘆する。讃嘆の中には勧信がある。これが第十七願であり、そういうことを語るのが仏法の歴史である。仏法の歴史は、法を讃嘆している歴史である。法の間違いないことを証明し、そういうところから証誠ということが出てくる。また護念ということも出てくる。

讃嘆・勧信・証誠・護念は、親鸞聖人が『小経』を捉えられた言葉である。六方段は、阿弥陀仏の本願が不虚作であることを証明している。『大経』に還元すれば第十七願である。こういうことが成り立つのは、歴史である。なぜ阿弥陀仏の本願に諸仏が要るかと言うと、諸仏によって本願が歴史になるからである。

ここに大行大信、つまり歴史的現実になる。歴史になることが、本願が現実の事実となることである。本願は現実の事実でなく、事実を事実たらしめる原理である。原理が事実になる。そこに第十七願がある。原理が事実になることが、原理が間違いないことの証明である。たすける本願の証明は、たすかったこと以外にはない。たすかった人だけが、たすける本願を証明することができる。

仏法の歴史は讃嘆・勧信

本願と言えば法の原理であるが、事実は人間の上にある。諸仏、七高僧は人間であり、法の間違いのないことは人間が証明する。釈尊ならびに七高僧という人の上に、歴史が成り立っている。仏法の歴史は、真宗の教学から振り返ると法の歴史である。歴史になったままが歴史を超えている。しかし、その法が単なる法ではなく、人の上に成就している。仏法の歴史という特別なものではなく、本当の歴史である。戦いの歴史も戦争の歴史も、仏法の歴史というところに初めて、その意味がわかる。本当に深い意味が与えられる。文化史というものでは、全体の意味は出ない。

歴史は、讃嘆という意味をもっている。歴史そのものが讃嘆の意味をもち、証誠護念という意味をもつ。だから、我われは仏法の歴史を得てそれから救いを求めるのではなく、歴史をもったことが救いである。歴史をもたなければ、我われが一生苦悩したことも苦労したことも、流水に描いたごとく消えるより仕方がない。歴史をもったことが浄土である。歴史は讃嘆・勧信・証誠・護念である。歴史が、讃嘆し勧信し、法の間違いのないことを証明し、歴史をもったものを護念している。

親鸞聖人が「正信偈」を作られたのは、讃嘆と勧信である。それが第十七願の意義である。親鸞聖人御自身が第十七願を体験されたのである。「応信如来如実言」「唯可信斯高僧説」という確信である。こういう確信は、なかなか出てこない。これは諸仏の確信、歴史的確信である。歴史を見出し歴史に立った人の言葉である。歴史的権威である。「可」や「応」は個人に出ない。個人では「たぶん」になるであろう。個人体験の確信ではなく歴史的確信である。「正信偈」は、親鸞自身が諸仏の位で書かれたものである。凡夫の位で書かれたものは、三心一心の問答である。

これは教理ではない。「正信偈」で、我われを一貫して打ってくるものは勧信である。「正信偈」全体が「応信如来如実言」「唯可信斯高僧説」を語る。来たってこの歴史を見よ、ということである。「如来所以興出世　唯説弥陀本願海」以前は、弥陀の本願海という法を掲げ、これ以降は信を勧める言葉である。それ以前は選択本願の法をたたえ、そこで文章が改まって信を勧めている。

そういうことから言うと、「本願名号正定業　至心信楽願為因　成等覚証大涅槃　必至滅度願成就」の四句も、上の本願をたたえる中に入っている。『大経』上巻は如来浄土の因果であり、下巻は衆生往生の因果である。そのように見るのは大科である。大意の方は、弥陀釈迦二尊一致である。『教行信証』では、大意は「教巻」に、大科は「行巻」に出ている。「正信偈」にはそれらのものを駆使してある。

大意から見れば、「必至滅度願成就」までは弥陀、「如来所以興出世」以下は釈迦である。大科からも見れば、「唯説弥陀本願海」までは讃嘆、「五濁悪時群生海」からは勧信である。「正信偈」では、讃嘆勧信が独自の形式として整えてある。文章上の組織から言うと大意的、内容から言うと大科によってあると言える。

「信巻」でも「行巻」でも信を述べてあるが、「行巻」の信は勧めてある信であり、「信巻」の信は告白である。この四句の上に「真実の教　浄土真宗」（『教行信証』聖典一五〇頁）が成り立つ。次の「如実の言」というのは、ただ形容ではない。大聖の真言、真如一実の言である。「総序」に「摂取不《せっしゅふ》捨《しゃ》の真言《しんごん》」（同頁）とあるが、摂取不捨ではない真言を言うのではない。摂取不捨は、大行大信の利益をあらわす。本願成就の信心の利益である。それ以外に摂取不捨はない。十二光では出てこない。

仏の本願が仏として成就したのが、十二光である。仏の本願が衆生の上に成就する。摂取不捨は、人間に主体として成就する場合の、体験の内容を語る独自の言葉である。照らすということは仏の上にあるが、摂取されることは我われの上にある。照らしたからみな摂取される、というわけではない。時機当来、時を通して機の上にあること、本願成就ということを一語で言い尽くす言葉が、摂取不捨である。

『歎異抄』では第十八願のことを「摂取不《せっしゅふ》捨《しゃ》の誓願《せいがん》」（聖典六二七頁）と言われる。これは本願成就に立って本願を見られた。本願だけならどこまでも未来往生の言葉であるが、摂取不捨は現在の救いで

3、本願名号正定業

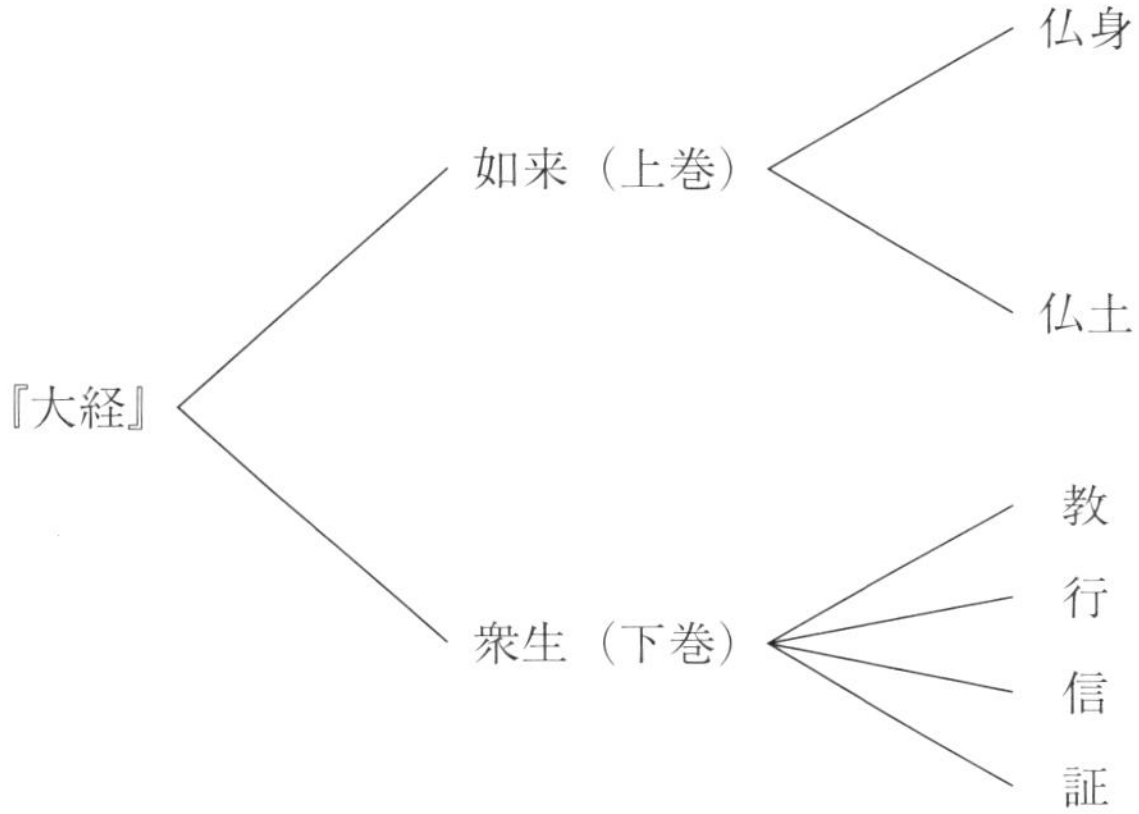

図4

ある。本願成就において、厳密な意味で初めて「如実の言」と言える。真実の教が『大経』であると言っても、『大経』には方便の言葉もある。聖教は真仮相混じっている。歴史の言葉はすべて真仮相混じっている。割り切ったものではない。そういうところから、「本願名号正定業　至心信楽願為因　成等覚証大涅槃　必至滅度願成就」、これが真実教の内容と言える。この意義を明らかにされたのが、七高僧の伝承である。七高僧の伝承は、本願成就の経文の伝承である。それほど重要な内容をもっている。

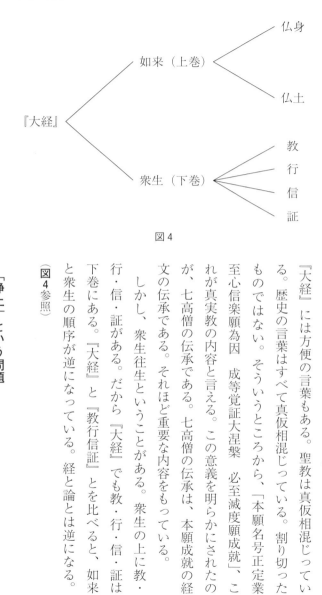

しかし、衆生往生ということがある。衆生の上に教・行・信・証がある。だから『大経』でも教・行・信・証は下巻にある。『大経』と『教行信証』とを比べると、如来と衆生の順序が逆になっている。経と論とは逆になる。

（図4参照）

「浄土」という問題

まず如来は荘厳浄土の願である。浄土の願である。近くは「正信偈」に「建立無上殊勝願　超発希有大弘誓」とある。この前の「法蔵菩薩因位時　在世自在王仏所　覩見諸仏浄土因　国土人天之善悪」によって、浄土の誓願であることがわかる。これが四十八願の大事業である。仏道と言っても、仏道を成就する浄土という問題を明らかにする。それが法蔵の大事業である。

これは、今日では、僧伽の問題であり社会の問題である。個人を個人たらしめる場所の問題である。仏道の問題は個人の問題であり、それからさらに場所の問題である。これは大きな問題である。聖道の教と『大経』の教が違うのは、聖道は場所なしに言う。『大経』は、場所において場所が個人を応えている。仏から言えばまず場所を明らかにし、衆生をして場所を見出さしめる。行信の根本、教行信証は、何に立てるかと言うと、浄土に立てる。

浄土は、どこまでも如来にある。教行信証は衆生にある。浄土は内面的である。歴史の内面である。讃嘆や勧信は歴史の世界である。浄土は、讃嘆や勧信ではない。浄土はむしろ、安穏快楽（安楽）ということであろう。言葉自身が内面的である。仏法をたたえるということよりも、仏法を楽しむということの方が内面的である。たたえるというのは、外に対して内をたたえる。安楽という言葉は、純粋な内面の言葉である。独りで満足できる世界である。一点の不平不満もない世界である。一如の世界、如来の内面、形のない世界に衆生を呼び覚まさんがために、教行信証がある。

教行信証は我らの順序である。我らは教行信証によって浄土に接する。我らから言えば行信がもとである。我らが直接に浄土を考えれば、内面の世界が外面になる。安楽が享楽になり、光明に酔ってしまう。教行信証という問題は下巻にあるが、この四句は下巻の内容を語る。これは衆生の上にあるということが大切なことである。教・行・信・証すべて衆生の上にある。限界をはっきりさせておくことが大切である。衆生を離れれば教は理、行は願になる。信証が衆生にあるのは当たり前であるが、教行も衆生にある。衆生が教えられ、衆生が行ぜられる。純粋な内面の世界である。如来の世界に享楽が混じると仮土になる。

純粋な如来の世界を『浄土論』によってその意義を明らかにされたのが真仏土である。安楽が一如の世界、唯仏与仏の知見と言ってある。それは『浄土論』によって明らかにされたことである。仏だけがうなずく世界である。我われがうなずく世界ではない。我われがうなずくと仮土になる。享楽性が入る。仏の世界は仏だけがうなずかれる。蓮華蔵世界とはそういう言葉である。自内証、純粋に我らを超えた世界である。我われは如来の世界に衆生のままで手をかけ得ない。問題は、我われが手をかければ我らの世界になってしまうことにある。そういう世界を明らかにするには、如来を依頼することでなく、我われの自覚を明らかにすれば求める必要なしに来ている。浄土は初めからあった世界、本来の世界である。浄土を求めれば浄土が遠のく。そういう世界に接するのは自己転換によってである、浄土を明らかにするのでなく、浄土を感ずる機を明瞭にすることである。

荘厳と回向

ここに衆生が問題になる。下巻であるが、それを「正信偈」では本願におさめてある。内容から言えば下巻だが、上巻に属して如来におさめてある。我らの往生の道も、本願の徳にかえしてある。我われの問題であるが我われは応えることができない。かえって如来に応えられている。如来の徳に帰してある。教行信証ということも、本願の徳にかえしてある。本願の浄土を見出すのが本願成就である。本願成就して本願を信ずるのであるということである。

本願成就という言葉は、我われの問題を本願にかえしてある。本願成就して我われの行信となっているが、そのままが我われを超えている。教行信証ということも本願成就の言葉として、法をたたえる言葉におさめてある。

本願が我われの上に成就する。浄土は荘厳と文学的にあらわされる。教理的には酬報である。体は一如であるが一如が本願に酬報される。荘厳というのは形なきものの形である。浄土という世界は、最も内面的な、言わば精神界である。開神悦体の世界である。精神は肉体と争うなら我が入っている。仏教の精神は物質をはねのけずに物質に満足する。無我の精神は、物質を包む。精神を掘り下げたのが物質、物質の満足として純粋な精神をあらわす。そういう意味で精神界、開神悦体の世界、『成唯識論』の軽安、軽快にして安穏、これは定の世界、決して散にあるのではない。三昧、ここに調暢身心、身を調《ととの》え心を暢《とお》す。開神悦体をあらわす。

浄土はそういう意味で荘厳という言葉であらわす。ところが、教行信証は回向であらわす。『大経』の如来浄土の因果と衆生往生の因果は、荘厳と回向である。この四句は、ここで初めて回向が出ている。本願成就を荘厳とあらわし、また、回向をあらわす。本願として成就したのは荘厳、衆生として成就したのは回向である。ここに回向という言葉を用いず回向が述べてある。『大経』の勝行段の帰結を語った言葉があって、これは親鸞聖人が重要な経文として見られたが、「以大荘厳、具足衆行、令諸衆生　功徳成就」（聖典二七頁）は、「信巻」に引かれてある。

「正信偈」における四句は、構成の上から言うとこれに該当する。これは『大経』上巻にあるが如来の世界で、衆生が応えてある。如来のところに衆生が応えてある。衆行は『浄土論』から言うと五念門で、功徳は五功徳門である。諸の衆生の上に成就するという。回向という言葉を用いずに回向を語る。本願というところに衆生の問題があり、仏が衆生の問題を新しく見出したのが因位である。問題のない仏が問題をもち、その問題を我ら衆生の上に答えられたのである。そういう本願が成就すれば、衆生に答えられる。衆生となった如来を因位と言う。

これは仏道の原則である。普通は如来――衆生という形で関係を求めてあるが、これは分別である。レリギオン（Religion）である。如来と衆生の関係は、神話の関係である。衆生と言えば如来が応えられている。これは法界、法の道理である。衆生でない如来、如来でない衆生を考え、さらにその関係を考える。わかるがたすからない。事実にならない。交互媒介はわからないけれども、そうなる。『大経』の言葉は回向という言葉を用いずに回向を語る。ここもまた回向を用いず回向の意義を語る。如来の成就として衆生の成就を述べ、衆生の成就のままが如来の徳であるとかえしてある。讃嘆してある。

如来と衆生と別々の立場は、論証が要る。衆生の他に如来があることを論証し、なぜたすけなけれ

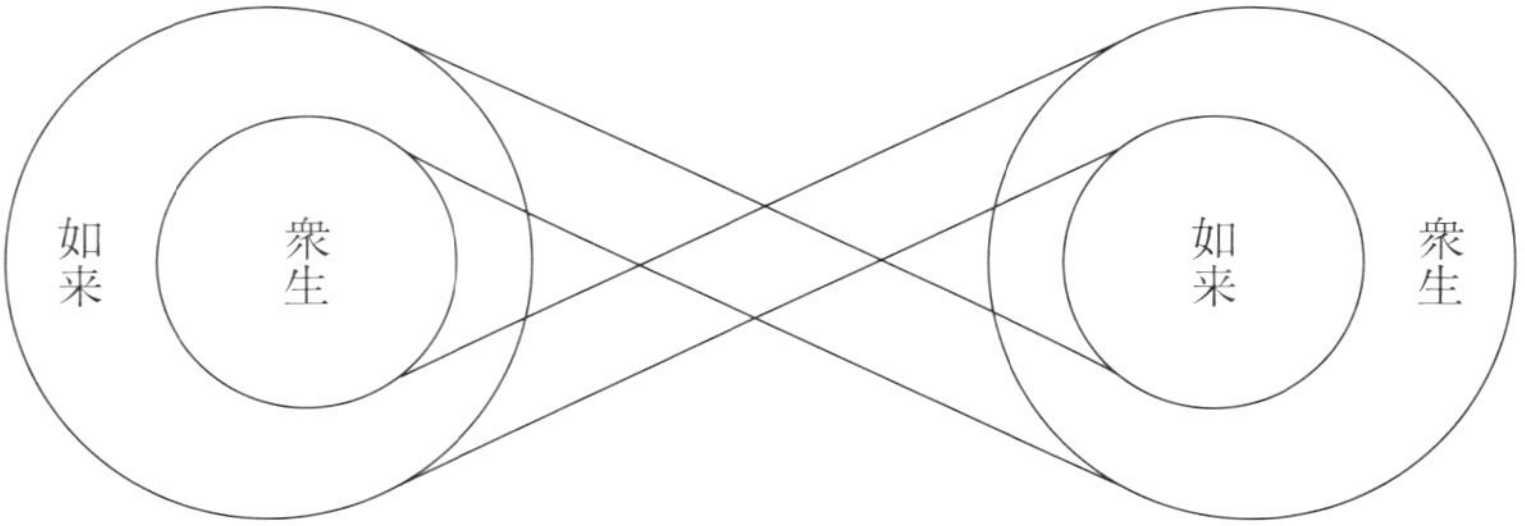

図5

ばならないかを論証しなければならない。こうなると神学になる。仏教は法の教学である。神学の中には、何かしら実体観がある。法学は純粋に無我の道理である。（図5参照）

二回向四法の体は南無阿弥陀仏

「本願名号正定業　至心信楽願為因　成等覚証大涅槃　必至滅度願成就」。この四句は、重要な内容をもつ。というのは、前の「法蔵菩薩因位時」から「一切群生蒙光照」までは仏を語ったものであるが、ここでは仏法を語っているからである。前の内容は因位の本願と果成の光明、つまり本願成就の阿弥陀仏を述べたものと考えれば、ここは正しい法であろう。これは我らをして仏たらしめる法、これで仏法というものになっている。つまり「本願名号」と名前が出ている。前の「重誓名声」を受けて、本願の名号と出てきた。本願の中に包まれていた名声が、今度は逆に本願の名号として出た。本願や光明に対して、名号が仏法である。

本願も光明も、名号において具体化されている。我われが本願に遇う場所も名号である。これが真実の『大経』というものである。浄土の法門を代表する三つの根本概念が、本願・光明・名号である。二回向四法は名号の教学である。

「文類偈」には、この四句が略されてある。略されてあるというのは必ずしも軽いというのではなく、むしろ『略文類』全体が語っている。四句の仏法としての意義は、我われの問題が語られていることである。衆生をして仏たらしめる。我われの問題が語られている。そういうところに、仏が法にまで具体化している。

「本願名号正定業」（行）、「至心信楽願為因」（信）、「成等覚証大涅槃　必至滅度願成就」（証）。この四句を解釈するのに、名号は本願の名号である。仏本願の名号は、本願と言うも仏の本願であり、名号と言うも仏の名号である。それに対して正定業は我らの正定業である。そうでないと、この句は力がない。仏の名号において、仏の本願によって、我らの往生成仏の業が証誠されてある。

教・行・信・証はすべて我らに関係しているものである。我らの問題が仏の本願によって答えられてあるのが、名号である。名号は名と言い、号と言い、一つの言葉であるが、仏の名は仏をあらわしているのではない。そこに我われの問題があらわされている。そういう名を本願の名号と言って、特に本願が付けてあるのはそれである。本願を取ってしまえば、名は名であり行は行である。たとえ行と言っても、それは代用品である。だから桜に桜の名があり、松に松の名があるという意味とは違う。記号ではない。本願の名号は本願のロゴスである。

諸仏の名という場合は、そういう意義がはっきりしない。諸仏の名によって易行道とされたのは、龍樹菩薩の『十住毘婆沙論』である。十方十仏章では、名をもって易行とされているのは、阿弥陀一仏の名だけではなく、諸仏諸菩薩の名である。弥陀章になると、初めて阿弥陀仏の本願が出ている。「阿弥陀《あみだ》仏の本願を憶念《おくねん》することかくのごとし。もし人《ひと》、我を念じ名を称して自《おの》ずから帰すれば、すなわち必定《ひつじょう》に入《い》りて阿耨多羅三藐三菩提《あのくたらさんみゃくさんぼだい》を得《う》」（『教行信証』聖典一六六頁）と言ってある。これは第十八願を龍樹菩薩が語られた言葉である。「阿弥陀《あみだ》仏の本願を憶念《おくねん》することかくのごとし」と言って、本願をあらわしている。

　本願においては、名をもって法とする。本願を取ってしまえば名は名であり、必ずしも法ではない。こういうわけで、本願の名は仏をあらわすだけではなく、むしろ我われの往生成仏の問題に応えている。阿弥陀仏の本願は名をもって我らを招喚し、招喚した衆生を摂取する。本願も光明も、名においてはたらく。真宗の仏法は、名言の仏法である。「本願名号」はどこまでも仏にかかるし、「正定業」は我らにかかる。「至心信楽願」は仏、「為因」は我ら、「必至滅度願」は仏にかかる。それに対して「成等覚証大涅槃」は、我らのことである。仏の願が、我らの教・行・信・証になっている。こういうところに、四句が我われを打ってくるのである。

　本願によって我われの問題が応えられている。仏の全体をもって、阿弥陀仏の全体が我らの往生成仏の法になる。仏が仏のままで、我らの往生成仏の道となる。だから、我らの成仏の道である。教行信証がそのまま、仏にかえる。そういうことが、回向ということである。仏が仏のままで、我らの教行信証となる。だから、我らの教行信証がそのまま、仏にかえる。そこに、回転趣向ということがある。回向するものは本願であり、回向されるものは我らの道としての教行信証である。そして、回向の法が名号である。南無阿弥陀仏が回向の法である。回向を語らずして、回向が出ている。二回向四法の体は南無阿弥陀仏である。

救済の法と機の自覚

そこで、「本願名号正定業」は大行を、「至心信楽願為因」は大信をあらわし、「成等覚証大涅槃必至滅度願成就」は必至滅度の証が語られてある。分けて言えば、行信証である。これを内容として「如来所以興出世　唯説弥陀本願海　五濁悪時群生海　応信如来如実言」という真実教が立てられる。

しかしこの言葉は、証と言っても分けて言えばそうであるが「行巻」から考えると、証は信におさまる。因を挙げれば、果はもうおさまる。因と果と二つあると言うが、証は至心信楽の願を因とするところの果である。至心信楽の願を得るところに、必至滅度の願が成就する。

至心信楽の願を因とし、等覚を成り、大涅槃を証する。そこに、必至滅度の願が成就している。我らが信をいただくところに、証の願が成就している。全体から言うと、行・信・証が平面的に並んでいるのではなく、行信になる。回向の行信である。広く言えば教・行・信・証と言うが、そこには自由に開合が行われて「後序」から見ると教行（「教《きょう》に昏《くら》くして……行《ぎょう》に迷《まど》うて」『教行信証』聖典三九八頁）、『略文類』でも教行である（「末代《まつだい》の教行、専らこれを修《しゅ》すべし」同四〇二頁）。このように信証を言わずに教行だけを言う。

教・行・信・証を教行の中に包んで示される場合は、法を主にする。機を離れて教・行・信・証はないが、法として教・行・信・証を略する場合に、教行ということになる。それに対して「別序」の「自性唯心《じしょうゆいしん》に沈《しず》みて浄土の真証を貶《へん》す、定散《じょうさん》の自心に迷《まど》いて金剛《こんごう》の真信に昏《くら》し」（『教行信証』聖典二一〇頁）では、信と証だけである。「信巻」は、その標挙に「至心信楽《ししんしんぎょう》の願《がん》　正定聚《しょうじょうじゅ》の機《き》」（同頁）とあるように、機の問題である。

しかし、「別序」に「しばらく疑問を至《いた》してついに明証《みょうしょう》を出《い》だす」（『教行信証』聖典二一〇頁）とあるように、「信巻」には信を述べるだけではなく、問答もある。「教巻」や「行巻」には、問答はない。如是我聞である。「信巻」には、問答がある。これから考えると、「別序」は「化身土巻」までかかる。問題を提出し、かつ解決してある。「信巻」に問答があるのは、そのためである。これをもととして「化身土巻」にも問答がある。そこに出されている問題は、三経一論における心についての問題である。『大経』には三願の三心があり、『観経』にも三心がある。心は、心理学的な概念ではなく、むしろ自覚をあらわす言葉である。自覚の問題を明らかにしている。救済の法に対しては、機の自覚が取り扱われている。信や証はそういうようなものである。教行は救済の法であり、信証は機の自覚である。信は因であり、証はその果であるが、因果は一体である。因果は位をあらわすので位は二つあるが、体が二つあるわけではない。本願から見れば、我らが信をいただいたときが証を得たときである。

このように「信巻」では、信証をもって代表される。それに対して「総序」は「円融《えんゆう》至徳の嘉号《かごう》は、悪を転じて徳を成《な》す正智《しょうち》、……専らこの行《ぎょう》に奉《つか》え、ただこの信を崇《あが》めよ」（『教行信証』聖典一四九頁）

と、行信をもって代表される。この場合、「総序」を受けて「正信偈」が出ている。「正信偈」で、浄土真宗は総じて終わっている。だから、教・行・信・証と言うが、行信として略説されている。総を略するというのは、総を簡単にするのではなく、総を要約するのである。要点を挙げる、要として略する。行は法であり信は機であると、昔から言われているが、『六要鈔』が言うように、行信能所機法一体である。行信というところで、どちらも法である、どちらも機である、というのでは要約にならない。違ったものを受けて一体と言う。法と機との対応であり、能と所の対応である。行は所行の法であり、信は能信の機である。だから、分ければ行・信・証であるが、全体的には大行大信を語る。南無阿弥陀仏が大行大信である。我われの往生成仏の信は結局、行信道である。南無阿弥陀仏において南無阿弥陀仏として、本願によって我らに回向されている。本願が回向によって、我らの問題を行信として応えているのである。

本願成就の経文に照らして本願真実を開く

そこで一見、行・信・証という三つの事柄が語られているようだが、それは分けて言うとそうなるので、「正信偈」の置かれている位置から言うと、大行大信があらわされている。証も信に帰する。本願に立ち返ってその点を考えてみてもよい。そうすると教・行・信・証、二回向四法ということは、『大経』下巻に依っている。「法蔵菩薩因位時」から「一切群生蒙光照」までは、上巻に依って述べられている。『大経』上巻はすべて如来の世界であり、我らの往生成仏の道は下巻である。だから四句は下巻に依ってあるようだが、しかし下巻に依って本願の意義を明らかにした。下巻は、本願成就として、我らの行信道が述べられている。阿弥陀仏を光であらわすのは、如来の本願が如来の本願として成就したことである。本願成就の阿弥陀仏は、下巻では我らとして成就する。そこに回向ということがある。

浄土荘厳として四十八願が説かれているが、第十七願が行だとか必至滅度が第十一願だとかいうことは、本願だけでは出てこない。本願成就から振り返って言えることである。本願成就の下巻の経文に照らして、本願真実を開くのである。「正信偈」というのは上巻下巻ということではないが、しかし本願名号の四句が行・信・証と言われるのは、下巻の経文に照らして言えることである。下巻はまず第十一願成就、次いで第十七願成就、次いで第十八願成就という順序である。その次に三輩往生が説かれ、これは親鸞聖人では第十九願成就である。ここまでで凡夫の往生が語られ、次いで菩薩の往観が出る。そこに自ずから第二十二願の成就が出る。

今、四句において述べられている意義は、三願の成就に基づいている。これと比較すると、経典は第十一願から始まっている。しかるに『教行信証』は第十一願で終わっている。経典の方は第十一願から始まり、『教行信証』は第十一願で終わる。経典は如来の立場における順序であり、如来の本願に立った次第順序である。それに対して『教行信証』は、教えを受ける我ら衆生の立場に立った順序である。そのように次第が変わる。

第十七願と第十八願の順序は不変

ところが、第十一願の位置は変わるが、第十七願、第十八願の順序は変わらない。第十七願、第十八願は、仏にあっても我らにあっても変わらない。本来第十七願、第十八願は分けられない。これは本来別々の問題があるのではなく、問題が一つであることを語るのであろう。親鸞聖人は「行巻」において、正依の経典だけでなく、異訳の経典を用いられている。異訳の経典では四十八願が二十四願になっていて、第十七願と第十八願が一つになっている。これを明らかにするために、親鸞聖人は異訳の経典を用いられたのではないか。つまり、第十七願、第十八願は本来一つであることが原始的意義である。

善導大師、法然上人の教学では、第十八願一つに立って教えを立てられたが、親鸞聖人は『教行信証』では、第十八願に立って改めて第十七願を見出してこられた。一面には第十七願を開くとともに、一面には第二十願を開いてきた。第十八願に誓われた法を明らかにするためには第十七願をもってし、機の問題を証明するためには第二十願の意義を新しく見出された。それは単に親鸞聖人の私見ではなく、本来の意義である。第十七願は第十八願から開けて、第十七願によって第十八願が成就する。それが原始的意義であるとされるのである。

正依の『大経』では第十七願、第十八願がそれぞれ独立している。一つになっているのは、成就においてて示されているのである。異訳の経典では、本願として一つであることが示されるが、『大経』では成就で一つになる。第十七願、第十八願は、一つの問題を二つで解決する。こういう意義をもっている。だから成就では「諸有衆生、聞其名号」（『大経』聖典四四頁）とある。「其」は、第十七願と結合していることをあらわす。諸仏称讃の本願の名号という意義を、其という字であらわす。其という字で、第十七願と第十八願の関係をあらわす。経典でも『教行信証』でも、第十八願の次に第十七願が来ることはない。

第十一願の問題

それに対して、第十一願は独立している。第十七願・第十八願の問題に先立って、第十一願の問題がある。第十一願の問題を解決するために、第十七願・第十八願が出ている。これは言うまでもなく、必至滅度ということが第十七願・第十八願に先立つ問題なのである。必至滅度は成仏の問題である。往生に先立って、成仏という問題がある。成仏できるものが成仏する。選ばれたる人に開かれたものなら、本願は要らない。阿弥陀仏の本願は、大乗仏教の精神を徹底したものである。社会も、組織されたもの、たとえば教会から言えば、外にあるものである。組織から洩《も》れた者を群萌と言うのであろう。国民や市民という名前から洩れた者を包んだ社会を、浄土と言う。その群萌に滅度の門を開く。人間の組織から洩れた者に、人間を超えさせる。人間から洩れた者に、人間を超えさせる。それが本願である。そういうことを第十一願が示す。それを離れては、念仏も往生も根底を失う。

第十一願に「国中人天」とある。第十七願では「十方世界　無量諸仏」、第十八願では「十方衆生」になる。十方諸仏、十方衆生は、本願に対して、フュールジッヒ（für sich）、対自である。本願の外にある。それに対して、国中人天は本願の中にある。本願が本願自身に語る言葉、最も直接的な言葉である。まだ本願の中にある十方衆生に、必至滅度を語る。十方諸仏や十方衆生はフュールジッヒな言葉である。国中人天は、自己が自己に語るほど直接的な言葉である。仏と衆生とが一体である。第十七願・第十八願になると、仏と衆生が大きく対立して本願の外に出てくる。仏と衆生が一体であるのが、第十一願である。

第十一願は、内容に立ち入れば問題がある。第十一願は、内容から見ると、住正定聚と必至滅度の二つが誓われているように見える。だから、昔は内容を決定せず「住正定聚の願」とも言われ、「必至滅度の願」とも言われていた。それを親鸞聖人は、必至滅度の願と決定された。必至滅度の願である。第十一願が成就して住正定聚になると、正定聚も滅度も未来になる。浄土において正定聚に住し、またそれによって滅度に至る。これが原始的意義である。

仏道修行の場として浄土を考えてくるのは、環境の問題があるからである。外国語を習得するためには、その言葉の使われている国へ行くことが早道である。浄土が出てくるのもそうである。仏道の邪魔になるもののあるところで、仏道を修行するのは無理である。仏道を修行せざるを得ないような場所に行け、というのが原始的な意義であったのかも知れない。そうすると、浄土へ行くまでは決まらない、たすかるときにたすかる保証がない。こういう問題を親鸞聖人が明らかにされた。

滅度というのは、法である。大涅槃を得る機の資格が、正定聚である。住正定聚を誓う願が第十一願である。こういうように明らかにされた。第十一願成就の経文にある「生彼国者」は、それまで

「彼の国に生ずれば」と読まれてきた。親鸞聖人は、その「者」を実字に読んで「彼の国に生ぜんと欲する者は」と読まれた。「者」というのは必至滅度の機の資格であると、改めてこられた。確かにこれは御自身の問題があってそう読まれたが、特に龍樹菩薩のところまでさかのぼってその歴史を通して訓点を改められた。不退転について、現生ということ、現在この身において不退転に住すると言ったのは、七祖では龍樹菩薩だけである。

これを親鸞聖人は注意された。『大経』の伝承が、龍樹菩薩で確立した。そうして見れば、七祖は全部現生不退であるという確信を握られた。龍樹菩薩だけが現生不退、他は彼土不退というのは、外から見ている思想史の考え方である。龍樹菩薩が現生不退と言われる。そうして見れば、七祖は皆、現生不退であると親鸞聖人は確信された。本願にたすかった人は皆、現生不退である。その証拠は龍樹菩薩である。

そういうところから、第十一願を読むにあたって住正定聚を現在の機にされた。必至滅度は未来にあるとも言える。しかし、そういうことが本願を枉《ま》げたのではなく、本願の本当の意義を明らかにするものである。至という字は未来であるが、住も未来と言うのはおかしい。住は現在をあらわす。至は未来と言うのが当然であり、かえって本願の本当の意味を明らかにする。必は必然であり、未来と現在とをつなぐ言葉であろう。滅度に至るのは未来であり、正定聚に住するのは現在である。第十一願の強さは、必至ということにある。必至が本願の叫びをあらわす。滅度にもあるかも知れないが、必至が叫びである。至は未来だけれども、必まで未来なら言わないのと同じである。必は現在の自覚であり、現在と未来とが必然である。滅度は、現在の体験の中に入るものではなく、もっと大きなものである。しかし、滅度の自覚まで未来にあるものではない。自覚の内容は広大無辺である。内容は純粋未来だが、自覚する時は現在になければならない。現在がいつでも未来という方向をもっている。現在の点が方向のない点ではなく、一々の現在が未来の方向をもつ。現在が現在に連続しているが、一々の現在が純粋未来、大般涅槃の方向をもつ。未来は現在に方向として含まれている。必至という自覚を、国中人天に対して誓われたのである。これが第十一願である。

第十七願・第十八願の問題は、いかにしてこの正定聚の機、必至の自覚を明らかにするかである。その問題を、第十七願を媒介として第十八願が解決する。第十七願を通して、第十八願が信として成就する。第十八願成就文に「即得往生、住不退転」(『大経』聖典四四頁)とあるように、その信の利益が住正定聚として成就する。だから、第十一願の必至滅度の機、住正定聚の機にいかにして応えたかと言うと、第十八願が応えられたときである。そのとき、必至滅度が成就しているのである。こういうことを、この四句が語る。第十七願を通して第十八願の成就のところに、第十一願が成就している。こういう形である。

第四章　釈迦章

4、如来所以興出世

如来所以興出世　唯説弥陀本願海
五濁悪時群生海　応信如来如実言
能発一念喜愛心　不断煩悩得涅槃
凡聖逆謗斉回入　如衆水入海一味

如来、世に興出したまうゆえは、ただ弥陀《みだ》本願海を説かんとなり。
五濁《ごじょく》悪時の群生海《ぐんじょうかい》、如来如実《にょじつ》の言《みこと》を信ずべし。
よく一念喜愛の心を発《ほっ》すれば、煩悩《ぼんのう》を断ぜずして涅槃《ねはん》を得るなり。
凡聖《ぼんしょう》、逆謗《ぎゃくほう》、ひとしく回入《えにゅう》すれば、衆水、海に入りて一味なるがごとし。

清浄功徳と性功徳

「能発一念喜愛心　不断煩悩得涅槃（よく一念喜愛の心を発《ほっ》すれば、煩悩《ぼんのう》を断ぜずして涅槃《ねはん》を得るなり）」（「正信偈」聖典二〇四頁）。「能発一念喜愛心」が本願成就としての信心であり、これが全体にかかる。これ以下は、その信心の利益をあらわす。信を獲たときに、すべてがおわっている。それが願成就である。正依の経文で言うと、「信心歓喜、乃至一念」（『大経』聖典四四頁）。それを「能発一念喜愛心」とあらわしてあるのは、『如来会』の経文に依られたのである。漠然と念仏往生の願成就ではない。願成就と言っても、親鸞聖人においては至心信楽の願成就である。善導大師、法然上人の伝統によれば、一念は行の一念である。ところが親鸞聖人は、特に行の一念から信の一念を開いて、『大経』の「乃至一念」が信の一念であることを明らかにされた。『如来会』の経文には、はっきりと「能発一念浄信」（『三経往生文類』聖典四六九頁）と出ている。

本願成就をあらわすのが回向である。本願が本願であることを改めずして、衆生を成就する。それが回向である。能発一念のところに回向がある。回向を信ずるのではなく、信ずるのが回向である。信じていることとの超越的自覚をあらわす。体験が自己を超える。本願をたのむ心が本願の救いである。その救いを現生不退とあらわされる。だから、ここに述べてある利益は「即得往生、住不退転」の豊かな内容をあらわす。これは『大経』の経文を、曇鸞大師や善導大師の伝承を通して明らかにされている。『観経』の「是人中分陀利華」（聖典一一二頁）という言葉も「是人名分陀利華」として入っている。異訳の「広大勝解《こうだいしょうげ》」（『教行信証』聖典二四五頁）も入っている。

まず初めに「不断煩悩得涅槃」と「如衆水入海一味」は『論註』によってあらわされている。「如衆水入海一味」という利益は、性功徳を解釈された言葉である「海の性一味にして、衆流《しゅる》入るもの必ず一味となって」（『教行信証』聖典三一四頁）という言葉を用いてある。「不断煩悩得涅槃」という利益は、曇鸞大師が清浄功徳を解釈された「不断煩悩得涅槃分」（「煩悩《ぼんのう》を断ぜずして涅槃分《ねはんぶん》を得《う》」（同二八三頁）という言葉を用いてある。「不断煩悩得涅槃」と言い「如衆水入海一味」と言うことは、一仏乗の利益である。一仏乗は、前の「如来所以興出世　唯説弥陀本願海」の出世本懐としてあらわされている。一仏乗の利益、つまり一乗の利益がここに示されているのである。特に「凡聖逆謗斉回入」という五乗斉入は、一乗をあらわす。

『大経』は南無阿弥陀仏の履歴書

阿弥陀仏の本願は、三世諸仏の出世の大事として説かれた教説である。そういうことで、『大経』が真実教であることを「教巻」で明らかにされる。諸仏は、一大事因縁をもって世に出現される。一切衆生に無上仏道を成ぜしめるという大事業のために、世に出現された。個人的救済というような小因縁のためではない。釈迦一代の教には、その時その時の事情によって説かれた教説と区別して、出世本懐ということがある。釈迦が諸々の教えを説かれたのは何のためであったのかという問題に対して、本願という教説はそういう問題に答えるという意義をもつ。『大経』の選択本願が一乗であることは、理屈で決めるよりも歴史が証明している。

確かに『大経』には華厳や天台のような厳《いか》めしさがないが、南無阿弥陀仏の一つの成り立ちを語っている。仏の名が経典の題目になっているのが『大経』である。そういうところから「名号《みょうごう》をもって、経の体《たい》とするなり」（『教行信証』聖典一五二頁）と言われる。南無阿弥陀仏が南無阿弥陀仏になった歴史、南無阿弥陀仏の履歴書、それを物語のような形にして語る。南無阿弥陀仏の因位が法蔵菩薩であったという童話のような形にして、どんな愚かな者でもうなずき得るように語るのである。愚かな者がうなずき得ることが、甚深広大を証明している。

　そういうことを歴史が証明している。ある選ばれたる思想家だけがうなずける、という経典ではない。どんな人でもうなずける。真に凡夫がうなずき得るというところに、いかなる聖者もまたうなずかざるを得ないものがあることを証明している。凡夫にとっても不思議であるが、聖者にとっても不可思議である。凡夫は凡夫のひがみを、聖者は聖者の誇りを捨てさせることができるのが本願である。

『大経』は阿難の問いで起こされるが、後には弥勒に付嘱されている。それは、阿難が簡単に悟りを開き得なかったということをあらわす。簡単に悟りを開き得なかったと言うと愚かなようだが、安価な悟りに満足しなかったとも言える。阿難で凡夫が、弥勒で聖者・最高のインテリが代表される。阿弥陀仏の本願には、人類全体をうなずかしめるものがあり、それによって一乗が成り立つ。その時その時の特定の人に説かれたのではない。

　親鸞聖人は、出世本懐を「自説《じせつ》」（『一念多念文意』聖典五四〇頁）や「直説《じきせつ》」（同五四二頁）という言葉で注意しておられる。自ら直接に語った経典を随自意説と言う。「如来以無蓋大悲、矜哀三界。所以出興於世（如来、無蓋《むがい》の大悲《だいひ》をもって三界《さんがい》を矜哀《こうあい》したまう。世に出興《しゅっこう》したまう所以《ゆえ》は）」（『大経』聖典七～八頁）は、三世諸仏の正意をあらわす。阿弥陀仏の本願のみが、真に一乗である。そういうことから考えると、「不断煩悩得涅槃」や「如衆水入海一味」は、一乗の利益である。

「能」と「得」

「能発一念喜愛心」において、「不断煩悩得涅槃」が言える。特に『如来会』の経文に依ると、一念が浄信の一念であるとともに、能発ということが出ている。能という字が大切である。『浄土論』には、「衆生所願楽　一切能満足」（聖典一三六頁）とあり、「能令速満足　功徳大宝海」（同一三七頁）とある。こういうところから、曇鸞大師によると、名号は「よ（能）く衆生《しゅじょう》の一切の無明を破す、よ（能）く衆生《しゅじょう》の一切の志願を満てたまう」（『教行信証』聖典二一三頁）。能は仏本願力をあらわす。本願力回向の信心は、本願の能力が衆生の上に成就するところにある。本願の能力を奪うところに、他力の意義がある。本願を信ずることが、本願の主となることである。

「不断煩悩得涅槃」は、「仏本願力」の力である。本願力によるからこそ、煩悩を断ぜずして、と言える。本願の徳が、ただちに信心の利益となる。我われが煩悩を断じたと言うことはないが、煩悩のままにして、しかも煩悩を超える。煩悩を断じた覚えはないが、そのままにして涅槃が行じてくるという。本願の道理に適う。道理が、信というところに事実となる。事実は利益である。煩悩を消し失わずして、涅槃の内容になる。煩悩が転ぜられる。こういう意義をあらわすのである。

「不断煩悩得涅槃」は得という字があるから、本来浄土の徳である。獲と言わずに得と言うのは、浄土の利益だからである。『論註』ではそうなっている。国土の徳である。国土が本願成就、本願が本願自身を成就する世界が国土、国土の徳であるという意味で得という字で示されている。だから、清浄功徳は「証巻」（『教行信証』聖典二八三頁参照）と「真仏土巻」（同三一四頁参照）に、本当の意味で浄土の真証をあらわすものとして用いられている。得という字から言えば、当然である。

国土十七種荘厳について、天親菩薩自身が不可思議力成就ということを言っておられる。それに基づいて、『論註』の下巻では、一々の荘厳について、「これいかんぞ不思議なるや」「いずくんぞ思議すべきや」という形で解釈してある（『教行信証』聖典二八一〜二八三頁参照）。上巻の方は「是我願生彼阿弥陀仏国」（真聖全一、二九八頁）という言葉が置いてあり、この言葉に基づいて曇鸞大師は一々の荘厳においてそのもとを尋ねた。欲生心である。それに対して、下巻の方は不可思議力という言葉に注意して、国土荘厳の一々についての不可思議力を解釈してある。

上巻の方には、二十九種全体について「仏本所以　起此荘厳」（真聖全一、二八六頁）とある。「是我願生彼　阿弥陀仏国」は、一見、国土十七種だけに言われたようであるが、我という字は正宗分全体にかかるので、願生の意義を明らかにされたのは国土だけではない。仏も菩薩も、願生の意義をあらわしている。だから全体にかかる。

ところが不可思議力は、国土十七種荘厳だけについて言われている。それは、仏が不可思議力それ自身であるからである。この場合に、曇鸞大師は天親菩薩の不可思議力を『智度論』の五種不思議によって解釈してある。五種不思議は仏法力不思議をあらわすものであり、そこに比較対論がある。仏法不思議と仏法不思議でないものとを対決させて明らかにしている。そうでないと混乱する。仏法以外の不思議は不可知、神秘的な意義を多少もつ。わかってしまえばなくなる。仏法不思議は我われから言うと当たり前のことであり、因縁の不思議である。

曇鸞大師は、仏法不思議について二種があると言われる。二種とは、願と正覚阿弥陀法王の善住持力の不思議、本願力の不思議と仏力の不思議である。『浄土論』によって『智度論』を照らしたのである。国土の不思議が仏法力であることは、『智度論』で照らした。仏力の住持によって、本願力が不虚作であることを証明している。本誓重願不虚という世界が、浄土である。それから考えてみても、「不断煩悩得涅槃」は、不虚作住持の徳、仏本願力の徳によって言われている。それは国土として成就しているから、浄土の真証とされている。

浄土の徳を得るのは今

仏本願として「不断煩悩得涅槃」と言えば、浄土の徳である。しかし、仏本願力が仏本願力のままに我らに成就しているのが、信心である。信ずるところに本願が輝く。信心の利益としては、現在に関係しなくてはならない。本願の徳としては浄土の徳だが、信の徳と言うと現在に関係する。浄土の徳に違わずして、現在の徳となっている。そうでないと、ただ未来だけなら、響くということもない。

浄土の代わりに信心ではなく、浄土を自覚に求めるなら信心である。一念の信のところに浄土の門がある。信心が浄土だと言うと言い過ぎであるが、信心は浄土の門である。門を得れば、穢土にして浄土に通ずる。浄土の門を得れば、浄土に照らされる。穢土は穢土、浄土は浄土としつつ、浄土が穢土を照らす。門というものは、内外を区別するとともに、内外の関係をあらわす。区別と関係を一挙にあらわす。門がなければ、区別もない代わりに関係もない。

『高僧和讃』に「煩悩《ぼんのう》にまなこさえられて　摂取《せっしゅ》の光明みざれども　大悲ものうきことなくて　つねにわが身をてらすなり」（聖典四九七〜四九八頁）とある。見る必要はない。照らされればよい。煩悩があるゆえに、照らされ得る。見えないものを見る必要はない。見えるときに見ればよい。煩悩のある限り仏は見えないが、照らされる。不断煩悩は穢土をあらわし、得涅槃は浄土に照らされるということをあらわす。

煩悩は、我われを煩《わずら》わし悩ますことを言い、涅槃は寂滅を言う。煩悩のままにして、しかもそれが寂滅する。煩悩がなくなるわけではなく、煩悩がありながら煩悩の意義をなさない。煩悩に煩わされない。煩悩に煩わされると言うが、我われのどの部分が悩まされるかが問題である。煩悩に悩まされるのは、煩悩を憎む心である。煩悩を憎まない心が、煩悩に悩まされることはない。煩悩に悩まされるのは、煩悩を悩ますものにしているものがある。それを放棄して本願に立つのが信心である。本願に立たないのが煩悩に悩まされる立場、理性である。

理性に立たないからと言って、理性を止めるのではない。理性に立たないということは、理性に絶対の権能を与えない。理性を無条件に信頼しないということである。理性が絶対的に信頼し得るものだというのは、独断である。

選択本願は、真に立ち得る場所を見出したことである。その場合は、煩悩があっても煩悩が役に立たない。煩悩をたたき壊す必要のない場所に立った。だから煩悩があれども、煩悩のはたらきを為さないということが、不断煩悩得涅槃である。「能発一念喜愛心」の能ということから注意すれば、仏本願力の徳である。浄土の徳であるが、自覚に求めれば信心の徳である。

現生不退ということの内容が、「不断煩悩得涅槃」である。煩悩を恐れない、我が身をそのまま置いておける。我が身への配慮から解放される。『歎異抄』から言うと「悪をもおそるべからず」(聖典六二六頁)である。ない善を欲しがり、ある悪を恐れる心が、本願を疑う心である。悪を恐れる心が悪に悩まされる。これが的確に現生不退の内容をあらわす。浄土の徳を得るのは今、浄土の徳に触れるのはここ。ここにおいて得るのは、実は浄土の利益である。

預流は歓喜の内容

一念喜愛は、正依の経文では信心歓喜である。歓喜は歓喜地の歓喜である。本願によって、我ら凡夫に菩薩の歓喜地が与えられる。龍樹菩薩は、菩薩の初地である歓喜地を初果に喩えた。初果の聖者に対して、大乗の聖者に初地を立てると解釈した。初果は預流のことである。それから考えると、小乗では預流、大乗では歓喜地と言う。歓喜の内容が預流である。信の一念のところに預流、初めて聖流に預《あず》かる。凡夫を超えて聖者の流れに預かる。初々しい喜び、歓喜を的確にあらわす。聖者の流れは大海のごときであり、その一滴をなめた。一滴の味は大海に連なる。仏に連なる。「信の一念」の信は、涅槃に連なるという意味をあらわす。喜びを通した確信である。信心の確かさを現生不退はあらわすのである。親鸞聖人は「行巻」の御自釈で「初果の聖者《しょうじゃ》、なお睡眠し懶堕《らだ》なれども、二十九有《う》に至らず」(『教行信証』聖典一九〇頁)と言われている。

睡眠懶堕ということは、懶《なま》けているということである。聖流に預かるまでは、我われが人間の立場において仏道を求めている場合は、懶けてはいられない。痩せ馬に鞭打つごとくに励まなければならない。聖流に預かれば、睡眠懶堕を恐れない。それは仏道が懶けていないからである。我われが自分を励ます必要がないのは、仏道が目を覚ましているからである。信心は永遠に眠らない心である。初めて我われが客体に転ぜられ、本願が主体になった。これが信仰の道である。私が私の外へ出ることである。預流の聖者の喜びを通して、確信を語った。二十八有までは行くかも知れないが、二十九有には至らない。睡眠懶堕を恐れない、煩悩を恐れないという意義を、不断煩悩得涅槃は的確にあらわしている。

「一味」は眷属功徳、大義門功徳、性功徳

「凡聖《ぼんしょう》、逆謗《ぎゃくほう》、ひとしく回入《えにゅう》すれば、衆水、海に入りて一味なるがごとし」（「正信偈」聖典二〇四頁）と言うが、回入が一味であるとともに、回入した結果も一味である。一味は両方にかかるのであろう。因の平等一味と果の平等一味である。不断煩悩得涅槃は、浄土の徳だが、信心の徳として現在に関係する。浄土が純粋未来なら、浄土と現在が連続している。次の二句も因果の連続をあらわすのであろう。因の平等は、回入した自覚の平等である。「能発一念喜愛心」を「凡聖逆謗斉回入」、「不断煩悩得涅槃」を「如衆水入海一味」と言い換えられる。

一味は、『論註』の「荘厳眷属功徳成就」のところに明瞭に出ている。そこに、「同一に念仏して別

の道なきがゆえに」（『教行信証』聖典二八二頁）とある。「斉回入」の斉は「同一」をあらわす。親鸞聖人は、眷属功徳、大義門功徳を一緒にして、特に重要に見ておられる。『入出二門偈』の「諸機本則三三品　今無一二之殊異（諸機は本《もと》すなわち三三の品《ほん》なれども、今は一二の殊異《しゅい》なし）」（聖典四六一頁）は、大義門功徳である。「猶如淄澠一味（なお淄澠《しじょう》の一味なるがごときなり）」（同四六一頁）は、眷属功徳である。大義門功徳は平等一味、大乗一味なる功徳である。「等無譏嫌《きげん》名（等しくして譏嫌の名なし）」（『浄土論』聖典一三六頁）の等は、平等をあらわす。一味はもう一つ、性功徳の性の解釈である「海の性一味にして、衆流《しゅる》入るもの必ず一味となって」（『教行信証』聖典三一四頁）に出ている。それは「真仏土巻」に用いられている。

このように、大義門功徳の一味は「証巻」（『教行信証』聖典二八二頁参照）、性功徳の一味は「真仏土巻」（同三一四～三一五頁）に、いずれにしても浄土の真証としてあらわれる。そこに自ずから果の平等があるが、それだけではなく、それが因の平等に連なっている。「凡聖逆謗斉回入」は一味であり、「能発一念喜愛心」と構造が同じである。回入は一念喜愛の心を発すことである。回入ということは、自力の信を転じて本願に回入することであるから、回心である。我われが一念喜愛の心を発すのは、回心をあらわす。至心回向はそれである。至心回向によって一念の信を発した。それが回心ということである。二種深心も回心をあらわす。

「回入」は如来の心に目覚めること

自覚と言っても、仏法の自覚は回心という意味をもつ。単なる理知的な自覚ではない。回入は転入と言ってもよい。転入ということが、自覚の成立をあらわす。転入とか回入という形で、一念の心が発起される。回入や転入と言うことで、本願力が天下りでないことになる。忽然として目覚めたというものではなく、どこまでも自覚であり、インスピレーションでないことをあらわす。

物なら捨てたり取ったりできるが、自分の心なら捨てたり取ったりできない。疑う心を捨てて、別に信じる心を出すというのではない。疑わないように信ずるというのもあるが、それは秘事法門である。自覚ではできないから、生理的方法をもってするより仕方がない。疑うのも自分の心、信ずるのも自分の心である。捨てると言っても、捨てる場所がない。その点が、行と違う点である。行なら、諸行を捨てて念仏を取ることもできる。法の世界は割り切る。二股膏薬は成り立たない。しかし、自覚になると割り切ることができない。諸行を捨てたことは、諸行を取る心を捨てた証明にはならない。金がないのは、金の要らない心の証明にはならない。ものが無になることは、自覚的に無になることではない。ものが無になって、かえって無にならない心が見つかる。そういうところに、信仰は自覚であって、転換と言うより他に道がないことがあらわされる。回心は自覚の道である。「能発一念喜愛心」は、インスピレーションではなく自覚であることをあらわす。機は凡聖逆謗でも、回心した心は平等である。

斉という字は、『論註』に求めるなら「同一念仏」である。親鸞聖人は、皆という字を加えて、皆、斉、同、「大小の聖人《しょうにん》・重軽《じゅうきょう》の悪人、みな同じく斉《ひと》しく選択《せんじゃく》の大宝海《だいほうかい》に帰して、念仏成仏《じょうぶつ》すべし」(『教行信証』聖典一八九頁)と言われる。皆同じく帰することのできる法が、本願である。それにおいて、能発一念喜愛の心を賜るのである。同一の法において、一味の自覚を賜る。一味の信心は、念仏において賜ったのである。

回入ということは、「信巻」を見ると、発起や開発と同じである。発という場合に、各発と共発とを親鸞聖人は注意して区別される。発ということは、本来は各々無上心を発すということである。それを「発《おこ》せども」(『教行信証』聖典二三五頁)と読まれて、発せと教えられ、それを受けて発せない自分をいただかれた。各発の不可能を知ることを通して、共発の金剛志に遇われた。共発というところに念仏に賜った信心がある。私を超えた御心が、私に名告った。本願が私に成就した。外から見れば回心、内から見れば等流である。念仏を通して本願に触れるところに、我われの側に回転が成り立つ。法には弁証法はない。絶対平等が相対の人間に触れるところに、弁証法が成り立つ。回入は、弁証法的展開である。

南無阿弥陀仏に賜った信心は、平等である。誰の心でもないから、平等である。誰のものでもない心で、各人各人本当の意味の個が成り立つのである。凡聖逆謗、皆同じくひとしく回入することのできる法が、本願である。それによって成り立った信心が、一念喜愛心である。念仏で賜った。念仏で平等に帰入することができる。『歎異抄』に「弥陀《みだ》の本願には老少《ろうしょう》善悪《ぜんあく》のひとをえらばれず」(聖典六二六頁)とある。斉は、えらばないということをあらわす。凡聖逆謗がひとしく入る道、それは本願しかない。真に一乗の法に帰して、そこに一乗の信をいただくのである。

回入は、如来の心に目覚めることである。我われの妄執を懺悔して、如来の心に目覚める。念仏をおこされた仏の御心に目覚める。念仏を通して、念仏をおこされた御心に目覚めるのが、回心である。凡聖逆謗で、凡夫・聖者・善人・悪人をあらわす。善人が善を誇るのも小賢しいし、悪人が悪を反省しているのも信心ではない。善も悪も救いの因ではない。善と悪は、裏返しである。悪を反省する心は、善を誇る心と同質である。どうにかしようというのは、どうにかし得る能力を恃《たの》んでいる。そういうものを捨てて帰する。平等の世界に帰入して、平等ならしめる御心をいただく。

如来の御心において、初めてそこに本当の我われに帰る。我われは素直な心になりたい。凡夫は凡夫であることを卑下し、聖者は聖者であることを誇る。その心を捨てたいのである。それが本能である。本願が名告るのは、本能として名告っている。共発の信心は、各人が誇れないものである。本当の素直に帰った。善人が善ができたことを喜び、悪人が悪を懺悔する。人間が人間として素直になれることである。

淳心、一心、相続心と言うが、淳心は淳朴な心である。各発は体験を誇る。平等一味というのは、初めて帰すべきものに帰した豊かさ、静かなる淳朴な砕けた世界をあらわす。そういう形で現生不退をあらわしてある。静かなる喜び、それが本当の確信の姿である。

5、摂取心光常照護

摂取心光常照護　已能雖破無明闇
貪愛瞋憎之雲霧　常覆真実信心天
譬如日光覆雲霧　雲霧之下明無闇

摂取《せっしゅ》の心光、常に照護したまう。すでによく無明《むみょう》の闇《あん》を破すといえども、
貪愛《とんない》・瞋憎《しんぞう》の雲霧《うんむ》、常に真実信心《しんじん》の天に覆《おお》えり。
たとえば、日光の雲霧《うんむ》に覆《おお》わるれども、雲霧の下《した》、明らかにして闇《くら》きことなきがごとし。

何故に阿弥陀と名づけるか

「摂取心光常照護」以下は、心光常護の益とか、摂取不捨の益と言われる一段である。前の不断煩悩得涅槃の益および平等一味の益は、ともに曇鸞大師の『論註』を通して、本願成就の経文の精神を明らかにされたものである。それに対し、摂取不捨とは、善導の領解を通して明らかにされたものである。

ここに出される「已能雖破無明闇」（「正信偈」二〇四頁）というのは、二河の譬喩によられたものであろう。二河の譬喩は、信心守護の譬喩として、善導大師が『散善義』の三心釈のところに出されて

いる。摂取不捨とは、信心を常に護るということである。二河の譬喩に比較すれば、今出される譬喩は非常に簡単であるが、ただし、これは親鸞聖人が確信をもって作られたものである。摂取不捨は、親鸞聖人においては、非常に重要な言葉である。『大経』の本願および本願成就を解釈するのに『観経』の摂取不捨をもってされている。摂取不捨は、本願成就の信心の自覚の内容を適切にあらわしている。

摂取不捨の自覚に、信の一念が成就している。能発一念は本願成就の信であるが、本願成就を一語であらわすのが摂取不捨である。これが現在の救いである。摂取不捨は、「不断煩悩得涅槃」と違ったことをあらわすのではなく、煩悩即菩提、生死即涅槃ということを、摂取不捨と言い換えたのである。ここに如来と衆生、機と法との一体が語られている。だから摂取不捨は、生仏一如の一乗の利益に応えたものという意義をもっている。大乗仏教の志願は、本願成就において真に成就する。だから「不断煩悩得涅槃」という『論註』の言葉を、親鸞聖人は勇敢に使っておられるが、これは聖道門の教えを借りられたのではない。煩悩即菩提、生死即涅槃と真に言えるのは本願成就である。ここに一乗の教学が、念仏の信心の脚注となっている。信心の記述になっている。それを本願成就の利益としてあらわす言葉が摂取不捨である。

『往生礼讃』には、阿弥陀の名義の徳を述べてある。何故に阿弥陀と名づけるか、という問題を、善導大師自ら提出され、かつそれに自ら答えておられる。親鸞聖人は、それに深い意義を見出されて『往生礼讃』の文を「行巻」に引用し、それによって「この行信《ぎょうしん》に帰命《きみょう》すれば摂取《せっしゅ》して捨《す》てたまわず。

かるがゆえに阿弥陀仏《あみだぶつ》と名づけたてまつる」(『教行信証』聖典一九〇頁)と言われる。名義の問題を述べているのは『小経』だけである。そこには「かの土《ど》を何のゆえぞ名づけて極楽とする」(『小経』聖典一二六頁)、「かの仏を何のゆえぞ阿弥陀《あみだ》と号する」(同一二八頁)、「何のゆえぞ、名づけて、一切諸仏に護念せらるる経とする」(同一三二頁)と述べて、国土と仏と経の名について、問いかつ答えている。善導大師は、この答えの内容として『観経』の摂取不捨を用い「かの仏の光明は無量にして十方国を照らすに障碍するところなし。ただ念仏の衆生を観そなはして、摂取して捨てたまはざるがゆえに阿弥陀と名づけたてまつる」(『往生礼讃』真聖全一、六五三頁)と言う。すなわち摂取不捨をもって名義とする。『小経』には、名義の問題が述べられるが、名義の内容は与えられていない。名義とは、本願の概念であり、概念とは判断をあらわす。したがって、二経を総合して出される摂取不捨によって、分析判断の名義が、総合判断としての名義となった。

『小経』には「かの仏の光明、無量にして、十方の国を照らすに、障碍《しょうげ》するところなし。このゆえに号して阿弥陀《あみだ》とす」(聖典一二八頁)と言われている。これで名義がすでに答えられている。しかるに、善導大師は「かの仏の光明、無量にして、十方の国を照らすに、障碍するところなし」を削って『観経』の摂取不捨を加えられた。『観経』にも「光明遍《あまね》く十方世界を照らす」(聖典一〇五頁)とあるが、善導大師は、この光明も削られたのである。光明については『小経』には、無量・無辺・無碍、即ち十二光の体が出され、『観経』には、無辺光とある。二経の相違は、光明に関しては、くわしく述べるか否かにあるが、とにかく削られたところは共通して光明である。これは大いに注意すべき点である。光明無量のゆえに阿弥陀と名づけると言うなら、何も新しいことではない。阿弥陀ということが、実は光明無量をあらわす。阿弥陀は、無量寿・無量光である。だから『小経』だけを見れば、光無量のゆえに無量の徳の仏と名づけるということにすぎない。すなわち、名義の意味が字引にある一般概念である。分析判断である。阿弥陀と言っても平々凡々としている。しかるに、摂取不捨は、阿弥陀という言葉の字引には出ていない。ここに善導大師が、二経を総合して名義を明らかにされた意義がある。阿弥陀という名義は、阿弥陀をあらわすのみではない。仏の名において、我われが応えられている。そこに初めて本願の名号という意義をもつ。仏の名は仏の名であるのみならず、仏から言えば仏に成らしめる名、我われから言えば仏に成った名である。無量・無辺・無碍は仏の徳である。照らすというのは仏の徳だが、摂取不捨とは照らされる我われにある。摂取不捨は字引にはない。仏に照らされた人だけにあることである。これは自己の信念の内容として仏を語った言葉である。仏に救われた人でなければ出ない言葉である。仏に救われて、救われた体験を通して、仏を語った。仏の中で仏を語った。機において法を語った言葉である。だから摂取不捨は機法一体である。

感応道交の世界

善導大師は、摂取不捨について、衆生が仏を憶念すれば、仏もまた衆生を憶念したまうと解釈されている。念仏とは、衆生が仏を憶念するという一方的なものではない。念仏は、同時に仏念である。我われが仏を憶念すれば、もう憶念することが仏の中にある。仏を念ずることが、もう仏の憶念である。と善導大師は領解されている。光明無量とか、遍照とか、無碍ということは仏の徳をあらわした言葉である。仏の自覚としては、誰もが照らされている。誰も照らされているというのは、また誰も照らされていないということと同じである。そこには救いというものはないと思う。救いというのは自覚の上にある。自覚を離れれば、救われているのも、救われていないのも同じである。摂取不捨において自覚が成り立つ。機に触れて自覚が成り立つのである。光明は遍く十方世界の十方衆生を照らしている。仏は、誰をも嫌わずたすけている。ただし、たすけるというのは、ただちにたすかったことではない。たすけるのは仏の問題だが、たすかるのは我われの問題である。自覚の問題である。たすける法はすでに成就している。ただし、法の成就が、ただちに機の成就をあらわすものではない。摂取不捨に、誰をもたすける願が信として成就している。だから善導大師は「唯観念仏衆生」（「ただ念仏の衆生《しゅじょう》を観《み》そなわして」（『教行信証』聖典一七四頁）と言って、「唯」という経文にない言葉を置かれる。念仏の衆生すなわち信心である。唯とは、選んだ言葉である。経文には、十方衆生と念仏衆生との区別はない。光明は十方衆生を照らす。ただし、たすけられるのは念仏衆生である。善導大師は、唯とか但の一字を加えることによって、経文の精神を明瞭にされる。ここに深い選択がある。本願は誰をも照らすが、唯念仏の衆生のみ救いにあずかる。本願を信じた時のみが本願の中にあるのでなく、本願を疑うのも本願の中である。本願の中にあって、本願を疑ったということを自覚したのが信である。本願の中にあって、改めて本願の中にあることを再認識したのが信である。それが、唯ということである。

この善導大師の純粋な精神を、親鸞聖人は的確に明らかにされた。色々ある中に摂取不捨もあるのでなく、浄土真宗の救いは摂取不捨に尽きる。不断煩悩得涅槃の益も、平等一味の益も、すべて皆摂取不捨である。念仏の救いは、幸福になるとか、悪人が善人になることではない。ただ照らされるということだけである。それが純粋な救いである。煩悩悪業がなくなるのではなく、煩悩悪業の自己が光の象徴となる。煩悩悪業の衆生が、自己を嘆かずに、その身をもって本願を証明する。煩悩悪業があればこそ、照らされ得るのである。悪業煩悩の衆生は、かえって本願成就の光を証明する。すなわち光の象徴となる。それが純粋な救いである。

この摂取不捨の内容をもって阿弥陀と名づける。現在の自己の内容を押さえて「ゆえに阿弥陀と名づけたてまつる」と言う。これは救われた自己の外《ほか》に、救う仏はないと言い切った言葉である。救われたという現実、そこに仏が実在している。実在の上に自己の救いがある。名義とは名号の徳であるが、その徳が信心の自覚から見れば、そのまま信心の利益である。無碍光も、自己の信念の内容としてあらわせば、摂取不捨である。自分と無関係な無碍光ではない。名義は行の問題であるが、ただし、名義を信ずるのではない。名義のいわれ、すなわち本願に信心を加えるのではない。阿弥陀の名は、一般概念としての名ではなく、本願の言葉である。本願の言葉として、我われの信心が応えられている。名号のいわれとして信心が応えられている。名号が、我われ機の上に行ずることが信である。信を獲たというのは、名号の中の事件である。本願が我われの上に行ずる。仏が我われの上に行ずる。そこに信が成り立つ。すなわち如来である。摂取不捨は、如来ということをあらわす。仏と衆生と言うが、如来と言えばもう衆生に来ている。それで来と言う。もし仏と衆生とを結ぶものをもって信と言うのなら、それは永遠に結びつかない。それを結びつけようというのが理性である。従如来生、そこに衆生がある。生が衆生である。如来という自覚が摂取不捨である。如は悪業煩悩を拒むものではない。悪業煩悩に無碍である。悪業煩悩に妨げられない。それが純粋な救いである。一如の救いである。如であるから、仏が実体的に我われのところに来るのではなく、また衆生が仏のところに行くのでもない。行かずして行き、来たらずして来る、それが念仏仏念である。あちらへ行き、こちらへ来るというのは迷いである。行かずして行き、来たらずして来る、これは神秘的体験でも何でもない。一如の体験である。感応道交の世界である。理知で考えると、来たことと来ないことは矛盾する。行ったり来たりするのは理知の世界である。

摂取不捨の構造

さて次に「已能雖破無明闇　貪愛瞋憎之雲霧　常覆真実信心天　譬如日光覆雲霧　雲霧之下明無闇」(「正信偈」聖典二〇四～二〇五頁)とあるのが、摂取不捨の内容である。ここで大切なのは「雖」という字である。これが摂取不捨の構造を語っている。現生不退、現在の救いの構造が雖である。無明の闇は破られた。けれども、貪愛瞋憎の雲霧は真実信心の天を覆っている。如来が信心の天として語られている。光は信心の天にあり、本願は信心の大地である。無明は破られたが、貪愛瞋憎は信心の天を覆うている。

無明が破れるということは、無明が明になったことである。すなわち闇の夜が明けて昼になった。太陽に触れたことである。太陽には夜昼はない。何時も昼である。十方衆生は常に本願の中にある。たすけるだの、たすけられるだのということはない。夜昼は衆生の上にある。ただし、衆生には夜昼の自覚がない。だから誰も救われているとも、救われていないとも言えない。貪愛瞋憎の雲霧があるというのは、曇っていることである。夜が明けたということと、曇っていることと、明瞭に区別してある。夜か昼かということと、曇か晴かということとは別である。しかも大切なのは、夜が明けて貪愛瞋憎の雲霧が明瞭になってきたことである。悪業煩悩がわからないのは、無明の中にいる証拠である。煩悩悪業の身ということは、夜の証明ではなく、夜が明けたことの証明である。仏の光に照らされたということは、自分が見出されたことである。夜が明けた、それが信心である。けれども貪愛瞋憎は、なおある。なおあるけれども、貪愛瞋憎におびやかされない。

人間が不安なのは、自分自身の貪愛瞋憎におびやかされるからである。おびやかされどおしである。何かがおびやかしているのではなく、自分のもっているものにおびやかされる。わかっているのにおびえることはない。わからないからおびえるのである。煩悩はあるけれども、煩悩が煩悩のはたらきをなさない。それが「不断煩悩得涅槃」である。「貪愛瞋憎之雲霧　常覆真実信心天（貪愛《とんない》・瞋憎《しんぞう》の雲霧《うんむ》、常に真実信心《しんじん》の天に覆《おお》えり）」ということが、不断煩悩である。我われから言えば、無明が破れたことによって煩悩を恐れない。煩悩を恐れないのは、煩悩がわかったということである。煩悩がわからないのは、煩悩を実体化するからである。実体化したものが人間をおびやかす。煩悩はあるけれども、煩悩を憎む心がない。煩悩を憎むような自分が消えた。煩悩そのものになれた。そして煩悩そのものが光の象徴になれた。我われにとっては、煩悩の消えることが問題ではない。煩悩を憎み、煩悩を消そうとするのが理性の道である。我われの問題は、夜が明けるか、明けないかである。夜が明けるのが現在の救いである。夜が明ければ、晴れるときには晴れる。死ぬとき晴れる。「悪をもおそるべからず」（『歎異抄』聖典六二六頁）ということが、「貪愛瞋憎之雲霧　常覆真実信心天」ということである。

　だから雖という字には、無明は破られたりといえども貪愛瞋憎はあるということによって、貪愛瞋憎ありといえども無明は破られたりという確信が表明されているのである。したがって譬喩の方は「譬如日光覆雲霧　雲霧之下明無闇（たとえば、日光の雲霧《うんむ》に覆《おお》わるれども、雲霧の下《した》、明らかにして闇《くら》きことなきがごとし）」と述べられていて、ちょうど逆になっている。「文類偈」に照らしてみると「已能雖破無明闇、貪愛瞋嫌之雲霧、常覆清浄信心天。譬猶如日月星宿、雖覆煙霞雲霧等、其雲霧下曜無闇（すでによく無明《むみょう》の闇《あん》を破すといえども、貪愛《とんない》・瞋嫌《しんけん》の雲霧《うんむ》、常に清浄信心《しょうじょうしんじん》の天に覆《おお》えり。たとえば日月《にちがつ》・星宿《しょうしゅう》の、煙霞《えんか》・雲霧《うんむ》等に覆《おお》わるといえども、その雲霧《うんむ》の下曜《てら》して闇《やみ》なきがごとし）」（『教行信証』聖典四一〇～四一一頁）と、雖という字が二度出て、しかも逆にあらわしてある。雲霧に覆われたりと雖も、無明は破られたという信念を表明してある。

　これでないと、現生不退の内容が的確に明らかにはならない。現生不退と何度言っても、現生不退にはならない。その現生不退の内容が、雖という構造をもって示されている。信心を獲ても煩悩がなくなったわけではない。かえって煩悩が見出される。煩悩と光が互いに道交している。混乱せずに一如である。すなわち自分をそのまま自分としておける。どうにもならない自分をどうする必要もない。どうにもならない業道自然が、どうする必要もない無為自然を象徴している。この親鸞聖人のとらえ方は、非常に的確であると思う。摂取不捨をさらに雖で押さえてくる。雖で押さえないと、摂取不捨は光に酔うことになる。煩悩を忘れれば、機法一体が機法混乱となる。そうでないことを構造としてあらわすのが雖である。

では親鸞聖人は、この雖をどこから見出されたのであろうか。摂取不捨は、すでに述べた通り、善導大師を通して『観経』の言葉に依られたのであるが、雖は、源信僧都の「我またかの摂取《せっしゅ》の中にあれども、煩悩眼《ぼんのうまなこ》を障《さ》えて見たてまつるにあたわずといえども、大悲倦《もの》きことなくして常に我が身を照らしたまう」（『教行信証』聖典二二二〜二二三頁）という文によりどころがある。これは『観経』の「光明遍《あまね》く十方世界を照らす。念仏の衆生《しゅじょう》を摂取《せっしゅ》して捨《す》てたまわず」（聖典一〇五頁）に対する源信僧都の領解である。『観経』の言葉を漠然と見逃しておられない。源信僧都にこの言葉があるだけで、七高僧の意義がある。

ここに本願が日本民族の上に根をおろした。法然上人に先立って日本民族の霊性的自覚となった。摂取の光明を見るのは仏に成ったときである。それは純粋未来である。仏を見る眼を転じて自己が見えた。照らす仏があるかないかということを吟味する必要はない。自分が照らされればよい。照らされることが照らす仏を証明している。そこに自己を見失わない謙虚さを通して、大きな信念が語られている。凡夫たる自己を忘れずに、信念が語ってある。煩悩ありという自分を忘れず、機法を混乱せずに、しかも一体である。初めの雖は機法を分け、後の雖は一体をあらわす。

貪愛瞋憎も無明もともに煩悩であるが、無明は法相からは愚痴のことである。貪瞋痴は、あらゆる意識生活によって見出される。だからこれをもって煩悩が代表される。ただし、無明と貪瞋は区別される。すなわち無明は、それ自身煩悩でありつつ、また一切煩悩の成り立つ場所である。瞋のあるときに貪はなく、貪の起こるときに瞋はない。白道において、水の出るときに火は退き、火の出るときに水は退く。貪愛瞋憎は相応しない。ただし、無明は貪愛にも瞋恚にも相応する。無明が破られるということは、凡夫をして凡夫たらしめた根底が破れたことである。それが回転回心である。貪愛瞋憎に耐えるのは精神修養であり、無明を破るのは人間改革、立場の変化である。

6、獲信見敬大慶喜

獲信見敬大慶喜　即横超截五悪趣
一切善悪凡夫人　聞信如来弘誓願
仏言広大勝解者　是人名分陀利華

信を獲れば見て敬い大きに慶喜せん、すなわち横に五悪趣《しゅ》を超截《ちょうぜつ》す。
一切善悪の凡夫《ぼんぷ》人《にん》、如来の弘誓願《ぐぜいがん》を聞信すれば、
仏、広大勝解《しょうげ》の者《ひと》と言《のたま》えり。この人を分陀利華《ぶんだりけ》と名づく。

横超断四流と真仏弟子

この初めの二句であるが、ここに横超ということが出ている。後の四句は、諸仏に称讃されるということである。このあたりは信心の利益を述べたのであるが、その利益を通して信心が他力回向の信心であることを示す。つまり、成就の文の御精神が明らかにされているが、これは「信巻」末巻にくわしく述べられている。本巻の方は三心、末巻は三心の願成就の文が述べられているが、そこに「金《こん》剛《ごう》の真心を獲得《ぎゃくとく》すれば、横《おう》に五趣《ごしゅ》・八難の道を超《こ》え、必ず現生《げんしょう》に十種の益《やく》を獲《う》」（『教行信証』聖典二四〇頁）とある。これが横超である。次いで、現生十種の益の第五に諸仏称讃の益、第六に心光常護の益が出ている。

「不断煩悩得涅槃」以下、五つの益が数えられる。親鸞聖人は、『尊号真像銘文』に御自身の制作の「正信偈」を最後に加えて、それに懇切に注釈しておられる。そこに「本願名号正定業」以下「即横超截五悪趣」（「正信偈」聖典二〇五頁）までが抜き出されている（『尊号真像銘文』聖典五三〇～五三二頁参照）。ここから、親鸞聖人御自身の制作の上に確信のあることがわかる。さらに、「五悪趣」までで切っておられるのを見ると、後の四句に信心の利益として力を用いられたこともわかる。横超を十種の益の中に入れずに、独立して示してある。こういうことがあって、親鸞聖人は「信巻」の要義として「横超断四流《おうちょうだんしる》」（『教行信証』聖典二四三頁）と「真仏弟子《しんぶつでし》」（同二四五頁）を明らかにされる。

これは、「行巻」の「弘誓一乗海」（『教行信証』聖典二〇〇頁）に応じたものである。信心をもつことの意味を、横超断四流と真の仏弟子であらわされる。他力・一乗海というのは、他力は曇鸞大師の言葉、一乗海は善導大師の言葉である。他力は内容であり、その法の分際を一乗海と言われる。他力・一乗海を機の上について明らかにしたものが、横超断四流と真の仏弟子である。横超断四流は信の意義であり、それを得た位が真の仏弟子に位づけられる。これは機の位である。信は、横超断四流の意義をもつ。それを獲れば、信心の利益として真の仏弟子に位づけられる。「仏言広大勝解者」は、真の仏弟子という意義をあらわす。「仏言広大勝解者」は『如来会』の「広大勝解者《こうだいしょうげしゃ》」（聖典二四五頁）、「是人名分陀利華」は『観経』の「是人中分陀利華」（聖典一二二頁）から来ている。これらを、真の仏弟子を明らかにする証文として用いられる。「仏言広大勝解者」（「正信偈」聖典二〇五頁）や「是人名分陀利華」は、者や人というところに意義がある。

　信を獲るということは、人間が成就されるということである。親鸞聖人は、信を獲るということを、主観的な体験や思想を得たことではなく、人間を成就することとして明らかにされる。仏法に遇うということは、人間を成就するということである。それも漠然とした人間ではなく、具体的には真の仏弟子という人間が成就される。個人という人間が成就されるのではなく、仏弟子に位づけられた人間が成就される。仏弟子は僧、つまり僧伽的人間である。それは、仏法における歴史的社会的人間である。仏法の歴史から生まれて、仏法の歴史を形成していく人間である。仏法に遇うと言っても、遇う者自身が遇う前と後で同じなら意義をなさない。仏や法を見出すことによって、見出された私が僧とされる。僧にされずに仏法に遇うことはない。

　だから、横超の利益、称讃の利益が出ている。横超の利益は横超断四流、称讃の利益は真の仏弟子にあたる。ここに、「信巻」の要義が語られている。「行巻」の方では他力・一乗海であり、それを機の上に明らかにしてくれれば、横超断四流と真の仏弟子になる。この二つで、信を獲ることの意義を語る。

善導大師が「横」と「超」を結合された

そこで「獲信見敬大慶喜　即横超截五悪趣」（「正信偈」聖典二〇五頁）であるが、これはいずれも『大経』下巻の言葉である。二句あるけれども、「即横超截五悪趣」の方が主になっている。信心の利益を成就の経文に求めれば、「即得往生　住不退転」（『大経』聖典四四頁）に尽きる。現生不退の内容を、ここでは横超や諸仏称讃であらわす。「不断煩悩得涅槃」も「如衆水入海一味」も、「即得往生住不退転」の内容である。「獲信見敬大慶喜」は「能発一念喜愛心」を、「即横超截五悪趣」は「不断煩悩得涅槃」を受ける。

「信巻」の横超断四流は、善導大師の言葉（『帰三宝偈』聖典一四六頁参照）であり、それを『大経』の歴史として見られる。「即横超截五悪趣」をくわしく言うと、「必得超絶去、往生安養国。横截五悪趣、悪趣自然閉」（聖典五七頁）という『大経』下巻の経文から取ってある。「獲信見敬大慶喜」も「聞法能不忘　見敬得大慶」（同五〇頁）という『大経』下巻の経文から取ってある。下巻の二か所の経文に依ってできている。こういうことから、親鸞聖人は「東方偈」の経文を重要に見ておられることがわかる。その次の「弥陀仏本願念仏　邪見憍慢悪衆生　信楽受持甚以難　難中之難無過斯」（「正信偈」

聖典二〇五頁）も、「東方偈」から取ってある。

「必得超絶去」（『大経』聖典五七頁）が、善導大師が横超断四流と言われた背景になっている。しかしながら、特に善導大師によって重要な意義をもってきた。親鸞聖人は、『大経』の歴史として善導大師を見られる。「横」と「超」は違う句の中に出ているが、それを「横超」と結合したのは重要な意義をもつ。『大経』の経文を、横超断四流という善導大師の言葉によって注意された。「即」は、本願成就の経文の「即得往生」の「即」を付け加えられたのである。とにかく最も大切なのは、「横」と「超」を「横超」と一つに結合されたことである。それを親鸞聖人が特に明らかにされたのは、『愚禿鈔』である。ここに二双四重の教判が出ている。横は竪に、超は出に対すると、『愚禿鈔』の上巻に、くわしく掲げられている（聖典四二四頁参照）。

二超二出、超に二つ出に二つあり。釈迦一代の教を、これで判釈する。それによって、選択本願の位置を明らかにする。相対によって絶対をあらわす。『教行信証』では、いたるところに援用してある。「信巻」には菩提心について用いてあり、その場合には二竪二横である。同じ二双四重であるが、二竪二横は援用である。教判を教判でない場合に用いる。聖道の菩提心は菩提心とは言えないということを、二双四重を用いて明らかにしてある。だから二超二出は、もとは『愚禿鈔』であり、これは善導大師が横と超とを結合されたところから見出されてきたのである。

横超の「従仮入真」を明らかにしたのは『浄土論』

横超ということは依経分にあるが、後の七高僧によって制作される依釈分にもある。しかし、善導大師のところに言わずに、「光闡横超大誓願」（「正信偈」聖典二〇六頁）と、天親菩薩のところへ出ている。これは、親鸞聖人が意を用いられたところである。天親菩薩は横超とは言われない。これは他力・一乗海と同じである。曇鸞大師は一乗海を言わないが、一乗海である他力を明らかにされたのは曇鸞大師である。『大経』の歴史で、竪と出から区別して、真に横超ということを明らかにしたのは『浄土論』である。これは、不虚作住持功徳におさめて明らかにされたのであろう。

「能令速満足」（『浄土論』聖典一三七頁）は、「観仏本願力」（同頁）を受けている。「能」の一字が横、「速」の一字が超をあらわす。横超は善導大師であるが、善導大師の教学は『観経』を通して『大経』の精神を明らかにしてある。善導大師の教学にすでに横超ということが出ているが、横超を真に明瞭にしたのは『浄土論』であるから、横超という言葉を天親菩薩のところで用いられたのである。

前に、摂取不捨に雖ということがあった。これは摂取不捨の構造を語る。生仏一如と言うが、衆生と如来を混乱して一如にするのではない。衆生と如来が対立しつつ、一である。二つのままが一である。知らない間に衆生の本有として如来であるというような思弁は高遠であるが、高遠な教理が知らない間に衆生を忘れてしまう。これは神秘主義である。生仏一如はこの危険をもっている。高い教ほど危険をもっている。

二のままで一だと言うのが、生仏一如である。衆生と如来が二のままであると言っても、対抗しているのではない。二が相対しているのである。二を止める必要がない。相対している。二を止めて一ではなく、二ということが一の自覚である。一が一と言うのなら、一もない。そういう構造を、雖とあらわす。そこに親鸞聖人のリアリズムがある。「臨終一念の夕《ゆうべ》」（『教行信証』聖典二五〇頁）に至るまで煩悩を忘れない。如来に触れたら煩悩悪業が消えるのではなく、如来に触れて煩悩悪業がはっきりしてくる。触れないからわからない。そういうことを雖という字があらわす。

　時代や宗派を超えて、仏法を考えなければならない。その場合、鎌倉時代に興隆した仏教で、純潔性を保ち得たのは、日本では親鸞聖人と道元禅師だけである。その二人に尽きると思う。日蓮上人は純潔を言おうとしたのであろうが、純潔が排外になっている。排外であるまいとすると、妥協になる。仏法の堕落は妥協にあり、寛容になることである。

　とにかく、雖という字が大切であり、これが二か所ある。依経分と、七祖では源信僧都のところである。依経分の雖は、逆に源信僧都から来ている。雖があるところに、源信僧都の確信がある。本願に触れられた確信である。そうでないと、雖という字が使えるはずがない。横超も二か所に出ている。『大経』下巻と天親菩薩のところである。善導大師によって横超になったが、真に明らかにされたのは『浄土論』であるというのである。

　横超は善導大師の言葉である。七祖では、道綽禅師以下は『観経』に依ってある。『観経』も横超を語る。これは立場ではないだろうが、従仮入真の形をとっている。方便を通して真実をあらわしてある。特に親鸞聖人は、善導大師が横超と術語化されたことを重要とされたが、それを天親菩薩のところに置かれたのはなぜか。

それは横超を『浄土論』に譲られたのであろう。というのは、『浄土論』の意義は、方便を通さずに顕真実、つまり『大経』の論であり、本願成就に立って本願を明らかにされた論であるというところにあるからである。

横超は『大経』の面目である。依経分それ自身について見ると、「横超截五悪趣」「超発希有大弘誓」と、超は二度出ている。『大経』に依って見ると、「超」は、上巻には「超発無上殊勝之願」（聖典一四頁）、下巻には「必得超絶去」（同五七頁）に出ている。「我建超世願」（同二五頁）と言い、無上殊勝の願を超発すると言う。世に超えた本願であるがゆえに、本願を起こすことが超である。できるだけのことをしたと言うのではない。できる、できないを超えて、法蔵は願を起こしたのである。仏法の事実は、人間のプランではないから、超世と言い、超発と言うことができるのである。

横超断四流を解釈するときに、親鸞聖人は上巻と下巻をにらみ合わせておられる。上巻は如来における超越、下巻は衆生における超越である。如来の超越が衆生の自覚として起こった。それが下巻の横超である。信を獲ることは、如来の超越を経験することである。そういうところから、特に横という字があるのである。横は他力をあらわす。人間が自分の努力で自己を克服しようというのが、竪超である。それは、人間を超えて仏に達するという一つの道である。『大経』の横超は、如来に触れた衆生に超越が成り立つことである。超ということについて、善導大師はくわしく横超断四流と言われるが、『大経』では「必得超絶去」（聖典五七頁）である。絶もあり去もあり、往生するということの意義を明らかにした言葉である。

往生ということは、人間の生を延長することではない。人間の世界と如来の世界に橋はないということを、『浄土論』では「勝過三界道」（聖典一三五頁）と言ってあるのである。「勝過」が超をあらわす。往生するということは、人間の世界を如来の世界へ持ちこむことではない。持ちこむのは、理想主義や神秘主義である。人間の世界と如来の世界には断絶がある。我われが往生することは人間を超えることであり、絶することであり、人間を捨て去ることである。往生は無生の生をあらわす。竪超は、生なしに直接に無生をつかもうとする。本願は無生から生を開き、生によって無生を成就する。だから本願の仏法の特徴は、生という字にある。

天台教学は、具の一字と言われる。具とは、天台教学の中に天台教学を生み出す天台的思惟である。華厳では超である。これらはみな、性という字が付く。真言では蔵ではないだろうか。それに対して、本願の仏法の独自の思想は、生という字ではないか。欲生と言い願生と言う。こういうことで安心を明らかにしている。生の一字で無生の安心を明らかにしている。超絶去は無生であろう。我われが断絶しようとするのではない。本願に帰するところに、断絶が成り立つ。こういうことを『大経』は語るのである。

自覚だけが超越

勝過三界道の過は、三界の因果の否定をあらわす。これは、『浄土論』のもとになっている。『摂大乗論』の十八円浄では、三界の因果を否定するとともに、浄土の因果を明らかにする。浄土の因は聖道大慈悲である。大慈悲は、無縁の大悲である。浄土の果は、最清浄の唯識智をもって体となすと、『摂大乗論』では説かれている。*浄土の因果は滅道二諦、三界の因果は苦集二諦に属する。断四流の解釈に「すでに六趣《ろくしゅ》・四生《ししょう》、因亡《もう》じ果滅《めっ》す」(『教行信証』聖典二四四頁)と言われているように、五悪趣というのは、五悪趣の果だけではなく因もあらわす。果だけ超えるのではない。因をも超えるという意義をもつ。断四流の四流は四暴流、または生老病死である。暴流は因、生老病死は果である。流転せしめられた果だけではなく、流転せしめた因をも超える。

超絶去ということで、絶対否定をあらわす。絶対否定は、善導大師では断四流である。「獲信見敬大慶喜」の念仏の信心の意義は、絶対否定の意義をもっている。人間の世界を超断する。人間の世界に夢を見ない。横超断四流は内面的意義であり、真の仏弟子は具体的意義である。仏法の歴史をもつことが具体性であり、それが僧伽的人間である。個人として生きるというよりも、私がないというのが真の仏弟子である。私と社会の区別がない。私を内にもちつつ歴史社会をもつ。我われには、私的生活と公的生活と二つあるが、真の仏弟子は私のない公、あるいは公を内容とする私である。つまり、二つない。休憩室がない。休憩室があるからくたびれる。僧伽の生活は、こういうところに特色がある。一点の私がない。公が即私である。全責任というのはそれである。現生不退ということも、具体的には僧伽としての人間が確立することである。その内容なくして、現生不退はわからない。信心のもつ意義を、真に具体的にあらわす。

それに対して横超断四流は、内面的意義をあらわす。幸福追求ということではない。幸も不幸も絶する。横超断四流は否定が主であり、真の仏弟子は肯定が主である。横超の方は、信において私を滅する。その二面が大切である。

信は我われの心を固めるのではなく、一如の心を賜ることである。信を獲ない限り、絶対否定は成り立たない。宗教の問題は否定道と言ってもよいが、純粋なる否定がいかにして成り立つかが大切である。否定しようとするような否定は、否定する力を肯定しなくてはならない。理想主義でも否定はある。信をもたない限り、必ず人間に夢を見る。何かに期待する。期待するということは、一面には期待がはずれたときに絶望するということである。一喜一憂である。真に夢を見ないということは、信でなくてもある、というのではない。絶望するのも夢を見るのも、どちらも自己を失うことである。仏教が宗教であるかないかわからなくなるのは、絶対否定の意義をもった信が明瞭でないからである。

信は智慧である。回向返照の智慧、夢から覚めた智慧である。夢から覚めたのは夢を忘れたのではなく、夢を夢と知ったことである。夢から覚めるのである。超越は仏教の専門ではないが、仏教では自覚だけが超越である。仏教以外の超越は、酒に酔ったようなものか、一歩一歩である。一歩一歩なら「出」である。とにかく、仏教以外の超越は、そのどちらかである。本当の超越は、自覚以外にはない。人間を超越するというのは、人間の実相を自覚することである。人間の出した問題にすぐ答えるのが宗教なのではなく、かえって人間の出した問題から人間を問うことが宗教である。そういう問題の出る人間を問うのである。

仏教以外の超越は、自覚のない超越である。これは奇跡か啓示である。横超断四流ということほど、鋭いことはない。こういう大きな確信である。横は他力であるから静かであり、超は強い。深い超越という自覚が、横として静かに語られている。大言壮語ではない。念仏の信心は、人間の大胆不敵をもってはできないような断絶が語られるものである。どんな人間でも、人生は夢だとはっきり言える智慧である。

＊「浄土の果は、最清浄の唯識智をもって体となす」という言葉そのものは、『摂大乗論』にはないが、『摂大乗論』「智差別勝相」の世親釈（真諦三蔵訳）に、『摂大乗論』の「最清浄自在為相」を釈して、「此唯識智為浄土体故」（大正三一・二六三・Ｂ）とあり、安田師はこれを取意されたと思われる。因円満と、『浄土論』の性功徳とを合して、「大慈悲を因」とすると言い、その果は十八円満の果円満によって語られているのだろう。

第五章　結　誡

7、弥陀仏本願念仏

弥陀仏本願念仏　邪見憍慢悪衆生
信楽受持甚以難　難中之難無過斯

弥陀仏《みだぶつ》の本願念仏は、邪見憍慢《じゃけんきょうまん》の悪衆生《あくしゅじょう》、信楽《しんぎょう》受持すること、はなはだもって難《かた》し。難の中の難、これに過ぎたるはなし。

無限の内容をもつ本願に、釈尊の言説によって触れる

ここまでが大聖の真言によって制作された部分である。昔から依経分と言う。上に分陀利華というようなこともあるが、『大経』におさめて言ってあった。『観経』や『小経』をみな、『大経』におさめて述べてある。その最後である。やはりここは『大経』の最後であるがゆえに、『大経』の最後に依ってある。特に「能発一念喜愛心」以下は、信心の利益を挙げて信心を勧めてある。これは「応信如来如実言」を受けられた。勧めるのに、信心の利益をもって信心を勧め、また利益によって信心が他力回向の信であることをあらわす。しかし、信心の利益を述べてある言葉はすべて、本願成就の経文に依ってできている。

右に「如来如実の言」という言葉があったが、その場合の「如来如実の言」は「大聖の真言」である。もちろん『大経』全体が大聖の真言ではあるが、それと本願成就の文とを区別して、「如来如実の言」と言うのである。真実教を述べられた言《みこと》、ということである。阿弥陀仏の本願を、釈迦出世の正意として述べてあるので、真実教と言われるのである。そういうところから、如来の本願を説くことをもって、『大経』の宗致とされているのである。

だから、仮名聖教（『尊号真像銘文』）にも「「大無量寿経《だいむりょうじゅきょう》 言《ごん》」というは、如来の四十八願をときたまえる経なり」（聖典五一二頁）とあるように、如来の四十八願を説かれた言説だと言われる。しかし『大経』は、四十八願を言説するとともに解説する。解釈して説く。『十地経』には、十地の名を説いたけれども、いまだ解説しないと言ってある。名を説くのも「説く」の一つだが、その中に解釈ということもある。解説というところに、教えになるのではないか。さらに教・行・信・証となるのではないか。解釈して説くとき、如来浄土の因たる四十八願が衆生往生の因果となる。そこに真実の教になるのである。

『大経』が真実の教になるのは、解説ということがあるからである。浄土を荘厳された本願が成就して、衆生の道になる。浄土の門となる。本願は、内には自らの本願を成就するとともに、外には道となる。教・行・信・証は自覚の門である。浄土はあるが、外から門とは言えない。浄土の中に開けている。

こういう意味で本願成就と言う。成就したところに、衆生に関係して初めて教えになる。衆生が教えを受ける。教えられるのは衆生である。世親菩薩の後輩に無性という方がおられ、その方に『摂大乗論釈』が残っている。その初めに経体を論じている。これは中国の仏教の教相学で言う経体とは違う。『教行信証』の経体は教相学の概念である。今、無性が言われるのは、法相学の概念であり、存在論的な意味である。経は言説であるが、言葉であるなら音の屈曲である。声は法の体系の中にいかなる法をもつか。そこで唯識が体になるのである。つまり、声と言っても識の転変である。それについて無性と世親とは、同じ唯識でも違う。世親では仏心が体である。自ら覚った法を、衆生のために後得智をもって、自証したごとくに説く。覚った自証を自証したごとくに言説する。だから自証の等流である。そういう意味だから、仏の後得智が経の体になる。

ところが無性は、仏に言説はなく衆生にある、と言われる。だから仏心と言うよりは、衆生の心が教の体である。仏心は無言である。衆生の心は、無言の中に言を感得する。無性は、衆生の心が教の体である、と言われるのである。仏心を増上縁として、衆生の上に教えが成り立つ。阿毘達磨の解釈であるが、教えというものは教えられたというところに教えがある。こういうことである。

教・行・信・証はやはり、『大経』下巻に初めて成り立つ。「大無量寿経《だいむりょうじゅきょう》 真実の教 浄土真宗」（『教行信証』聖典一五〇頁）と言うが、『大経』は下巻で成り立つ。本願成就の経文を通して、選択本願浄土真宗を開く。

本願成就に立って本願の意義を明らかにする。本願にいかに我われが教えられるか。何を教えているのか、ということは、我われがいかに教えられたかが決定する。本願は法蔵菩薩の言葉として述べられるが、成就は釈尊の言説である。やはり釈尊は本願を上巻において述べられるのみならず、別して下巻に解説された。そういうところに真言が成り立つ。漠然と『大経』全体を真言と言うのではなく、本願成就の文を真言と言う。これを信ずべしと、七祖が勧めておられる。

「応信如来如実言」の「言」は利益をあらわすが、それは本願成就の利益である。本願成就の利益と言っても釈迦の言《みこと》に賜るのである。無限の内容をもつ本願に、釈迦の言説によって触れる。釈迦の言説に帰する他に信はない。そういうわけで、「応信如来如実言」と言われるのである。五濁悪時の群生海に呼びかけて、我らの信を勧められる。ここに勧信ということがある。

ところが最後の句を見ると、勧信の最後に難信が出ている。「是人名分陀利華」までは本願の信心の利益であるから、下巻の言葉から引かれているが、最後は初めにかえって「弥陀仏の本願念仏」と言われる。これは「唯説弥陀本願海」を受けた言葉である。本願念仏は、念仏の本願と言ってもよいが、それを信楽することが難い。念仏の本願を信楽し、その本願を念仏として受持することが難い。勧信を難信で結んである。『大経』がそうなっている。

『大経』の流通分で、信を勧めるために信の利益を挙げているが、「能発一念喜愛心」は容易ならないことであり、それを難信と言われる。「邪見憍慢悪衆生」と言って疑いが誡《いまし》めてあるが、また誡めると同時に難信の信を発すことができたことを述べるのである。本願の信心は釈尊の勧めに賜ったものであるが、賜ってみれば難信であると知られる。勧信は他人に対してであるが、難信は親鸞聖人自ら信ずべしと聞いておられるのである。だから難信は、ただ疑を誡めるだけではなく、信を獲たものの感激が込められた言葉である。

ところが「邪見憍慢悪衆生」は流通分の言葉ではなく「東方偈」からの言葉である。また、前の「仏言広大勝解者」は『如来会』の流通分のところに、「是人名分陀利華」は『観経』の流通分のところに出ている経文である。また「東方偈」の「見敬得大慶」も「獲信見敬大慶喜」にある。

往生道は菩薩道

親鸞聖人の『教行信証』を見ると、「東方偈」に重要な注意を払ってあることがわかる。『大経』には上巻に「嘆仏偈」と「重誓偈」、下巻には「東方偈」が本願成就を受けて出ている。「嘆仏偈」と違って「東方偈」の名前は最初の一句を取った。これは内容があらわせないからである。内容がはっきりしないのは、二つの部分からなっているからである。「東方偈」を「往覲偈《おうごんげ》」とも言う。衆生往生と言うが、衆生の中に凡夫もいる。下巻は「諸有衆生」から始まる。衆生往生は凡夫をあらわし、三輩往生の経文が終わると、今度は菩薩が出てくる。第十七願を受けて第十八願が出るが、ここにもう一遍第十七願が出てくる。

初めは凡夫にかかる。次に諸仏の称讃を通して、その称讃の声を菩薩に聞かしめる。衆生の往生を勧めるのに、往生は、諸仏の称讃を通している。凡夫の方は往生、菩薩の方は往覲と言う。往生は、凡夫が生まれ変わるという意義がある。『浄土論』では、往生と往覲を同じように言ってある。「我願皆往生」（聖典一三八頁）と言ってある。往生ということは、往覲を包んで往生である。凡夫の方が主であるが、それだけなら安楽浄土の救いは凡夫的な救いと考えられないでもないが、凡夫をして夢にも見なかった世界に生まれさせる。『如来会』に広大ということがあるが、それは『浄土論』の量功徳にある。真実報土をもって量功徳を重要に見られる。蓮華蔵世界、仏自内証の世界にも、浄土の広大が出ているが、『如来会』では「広大異門《こうだいいもん》に生まる」（『教行信証』聖典二四五頁）と、広大がはっきり出ている。夢にも思わなかった世界に放り出されたということである。衆生のプラン通りになったことが救いではない。『法華経』に非本所望と言われているが、与えられたものは求めたものではなかったという意味である。衆生の願いが衆生の思いを超えて見出された。人間の問題が仏道として解決された。親鸞聖人は「信巻」で、「広大異門」を「広大勝解者」と合わせて引いておられる。

凡夫往生ということは、凡夫をして菩薩の志願を満たすということである。凡夫をして菩薩たらしめるという意義がある。広大異門に生ずるというのは、安楽浄土は我ら凡夫をして成仏せしめるところであるが、それは一遍にできるものではないということをあらわしている。凡夫が仏に成り得るには、菩薩の確信を与えなければならない。往生道は菩薩道である。浄土の問題は大乗菩薩道である。凡夫をして二乗的な救いを与えるのではなく、大乗菩薩道を成り立たしめる。それで菩薩の往覲が出るのである。

それが『浄土論』に菩薩荘厳のある意味である。菩薩の往覲をあらわすために「往覲偈」と言う。

ところが前半は「往覲偈」の主旨であっても、後半はそうではない。だから「往覲偈」だけでもって代表するわけにはいかない。実は「東方偈」は、前半と後半とあるのである。前は「往覲偈」、後は流通の主旨がある。「若人無善本　不得聞此経（もし人、善本《ぜんぽん》なければ、この経《きょう》を聞くことを得ず）」（『大経』聖典四九頁）は、流通である。「東方偈」は二段からできている。前半は十方諸仏が十方諸菩薩に阿弥陀仏の国に往覲することを勧める。後半は流通である。だから『如来会』では、「東方偈」の後半の部分だけは流通のところにおいてある。正依では一緒になっているが、『如来会』を見るとはっきりしている。それで見ると、『大経』は二度終わっているとも言える。そのため「東方偈」でも後半は、流通の主旨をあらわしている。

この歴史を見よ

親鸞聖人は『大経』の「東方偈」を重要視されていて、「東方偈」を「行巻」に引いておられるが、『平等覚経』の「東方偈」を引いておられる。菩薩の往覲の後、諸仏が浄土を称讃するところがある。そこでは浄土の益を挙げて讃嘆しているが、ただほめるだけではなく勧めている。そのように、勧信をあらわす「応信如来如実言」「唯可信斯高僧説」は、本願成就を押さえた言葉なのである。

これは、歴史ということである。ことにそれをあらわすのが第十七願である。「応」や「可」はニーチェの表現を借りると、「この歴史を見よ」ということであろう。「当《まさ》に知るべし、本誓重願《ほんぜいじゅうがん》虚《むな》しからず」（『教行信証』聖典一七五頁）。本願が不虚作であるとは、本願が歴史として現成しているということである。歴史が本願をたたえる。仏法の歴史が讃や勧という意義をもつ。『阿弥陀経』では、六方恒沙の諸仏が阿弥陀仏の不可思議の功徳を讃嘆し証誠する。本願のまことであることを証明する。これは法の歴史の意義をあらわす。諸仏の讃嘆にはそういう意義がある。「唯可信斯高僧説」や「応信如来如実言」は、親鸞聖人御自身の第十七願の体験として言われた言葉である。親鸞聖人が本願に立って勧められている。「我見是利　故説此言」（『阿弥陀経』聖典一二九頁）である。親鸞聖人自ら歴史に召され、歴史を勧めておられる。「正信偈」の言葉は、親鸞聖人が第十七願の立場で語られた言葉である。第十八願において語られたのは「信巻」である。あのような深い懺悔は、第十八願を機として語られる。

「正信偈」は、諸仏に立っての言葉であり、「信ずべし」は歴史の権威をもって語る。権威は個人からは出ない。歴史の権威である。次には、確信を挙げて讃勧してある。こういう形で、「弥陀仏本願念仏」から「難中之難無過斯」は、「東方偈」の「若人無善本」（『大経』聖典四九頁）以下である。「能発一念喜愛心」から「是人名分陀利華」は、挙利益讃勧である。今挙利益讃勧であり、それがここでは、流通の精神で結ぶことになっている。利益を挙げている方は下巻の初めであり、難信を挙げて讃勧するのは流通である。

　親鸞聖人がなぜ正依の経文に依らず、わざわざ『平等覚経』をもって引かれたかと言うと、「無量光明土《こうみょうど》」（『教行信証』聖典一六〇頁）が出ているからである。『浄土論』の量功徳を『大経』に求めるなら、無量光明土である。難信の方は『平等覚経』を必要としないが、それにもかかわらず、わざわざ

『平等覚経』に依られたのは、阿闍世が本願に遇ったということが出ているからである。親鸞聖人は阿闍世の回心を『涅槃経』から「信巻」に用いておられるが、それは『平等覚経』にもある（同一五九頁参照）。『平等覚経』では阿闍世に対する授記が出ている。そこに、阿闍世は菩薩道を行じて以来、無数の諸仏を供養し、前世に迦葉仏であったときに、阿闍世は弟子であったが再び今来たとある。後会相値である。前世は自分の弟子であり、今また遇った。遇った歴史が成就して遇うことができた。遇うということは、遇うという歴史の成就である。そういうことが出ている。これは、実は第二十願に関係するのである。

第十八願の深遠さをあらわすのが第二十願

親鸞聖人は、『平等覚経』において第十七願の精神をあらわすのに第二十願を引いておられる。『平等覚経』では第十九願になっているが、「前世に悪のために」および「正《まさ》しく道《どう》のために」（『教行信証』聖典一五九頁）法を聞いた者もともに、その心の所願を果遂せしめん、という形で出ている。これに応えた者が阿闍世である。親鸞聖人は『平等覚経』の難信を挙げて讃勧する部分を「行巻」に引かれるとともに、また「化身土巻」に、第二十願の証文として引いておられる（同三四八頁参照）。第十七願は「行巻」であるが、利益を挙げる方は第十八願、難信は第二十願とされる。第十八願は第十七願で明らかにし、また第二十願をもって明らかにされる。第十八願が信として成就するのは第十七願が媒介であるが、一面には第二十願と難信ということで結合する。

『平等覚経』の阿闍世のところに前世と言ってある。果遂の誓いに前世と言ってあり、「東方偈」の中には「宿世の時、仏を見たてまつれる者」（『教行信証』聖典一六〇頁）、正依の「東方偈」には「宿世見諸仏（宿世に諸仏《しょぶつ》を見たてまつれば）」（『大経』聖典五〇頁）と出ている。だから、今日獲た信が難信ということをあらわすのは、果遂の誓いである。仏法の歴史が私に成就した。我われがたすかることは、仏法の歴史的事件として人類的意義をもつのである。こういう意義をあらわすのが第二十願であり、果遂の願の意義はここにある。「果遂《かすい》の誓《ちか》い、良《まこと》に由《ゆえ》あるかな」（『教行信証』聖典三五六頁）である。ここには罪の自覚がある。自力の罪を自覚せしめ懺悔を成り立たせるのであるが、ただ懺悔ではなく、懺悔を通した深い喜び、難信の喜びの面もあるのである。

だから、「総序」の「ああ、弘誓《ぐぜい》の業縁《ごうえん》、多生《たしょう》にも値《もうあ》いがたく、真実の浄信《じょうしん》、億劫《おっこう》にも獲《え》がたし。たまたま行信《ぎょうしん》を獲《え》ば、遠く宿縁を慶《よろこ》べ」（『教行信証』聖典一四九頁）は、第二十願が背景である。遇った本願は第十八願だが、本願に遇ったことが容易でないということをあらわすのが第二十願である。そのような第十八願の深遠さをあらわすのが第二十願である。本願に遇った宿縁を遠く慶ぶ。広大は第十七願であるが、深遠は第二十願の果遂の誓いである。難信ということは、第二十願によらなければあらわされない。

邪見憍慢の悪衆生の自覚も第二十願である。本願の中にありながら、本願を自力に翻訳するという自覚も第二十願であるが、それとともに遠慶宿縁も第二十願である。親鸞聖人は、第十九願に基づいて成立した経典は『観経』であり、『小経』は第二十願と言っておられる。難信が説かれているところは、『大経』の「東方偈」と『小経』と言われる。極難信の法である。そのために十方の諸仏が証誠する。『小経』の難信をもって『大経』の難信を明らかにする意義がある。「信巻」でも、正信の信が難信の信であることを明らかにする。だから巻頭に「無上妙果《むじょうみょうか》の成じがたきにあらず、真実の信楽《しんぎょう》実《まこと》に獲《う》ること難《かた》し」(『教行信証』聖典二一一頁)とある。成仏は必ずしも困難ではなく、信を獲ることが難い。本願に立てば逆になる。難信が真宗の面目である。その難信を明らかにするのが第二十願である。果遂の願の重要性が、ここに理解される。だから「東方偈」の後半が重要なのである。

邪見憍慢の罪の自覚も第二十願にあるが、それは単に誡めることではなく、こういう言葉で邪見憍慢の自覚が回心であることをあらわしているのである。第十八願に遇ったら救われたというのではなく、本願に背くということの自覚が本願に触れたことである。それが回向の信順の内容である。本願を疑惑してやまない、邪見憍慢を捨てることができないという自覚が捨てることである。回心懺悔の自覚だけが回向に触れる。そうでないと、信仰の闇取引である。絶体絶命の自覚、我われを投げ出すことを機として、本願に触れる。

第二十願によって第十七願の信があらわされる。難信と言っても、信が不可能ということではなく、第十八願の信、他力回向の信が難信の信として自覚されるのである。信を獲て初めて、その信自身が難信というのである。あることがあり得べからざる信だというのである。ただ疑いというのではない。さらに一層深い回向の感激を語るのである。邪見憍慢と強烈にあらわして、自力の罪の深いことを示してある。自力の罪こそ広大異門を妨げるものである。回向の信というが、回向されるがゆえに難信というのである。

信心を自力と考えるから、信は易いという。邪見憍慢というのは、他力に遇って他力を拒む。本願に触れて本願に背く罪がわかる。罪は第十九願にもあったが、第十九願の諸行という本願の外の場合は、罪の自覚はできない。第二十願という本願に触れて、初めて罪が見出され、それとともに、罪を捨てる。これは一つである。第二十願によって罪が見出される。信ずるという形をとった疑いである。だから他力回向の信は疑を恐れるのではなく、疑をもって掘り下げた信である。

安田　理深（やすだ　りじん）

仏教哲学者、真宗大谷派僧侶。

1900年、兵庫県生まれ。青年時代は禅やキリスト教などを学ぶが、金子大栄の著作に影響を受けて1924年大谷大学に入学、曽我量深に師事する。1935年頃より京都で学仏道場「相応学舎」を主宰し、唯識論や親鸞思想などの講義を行った。生涯無位無官を貫き、在野にて自己の思索を深めるとともに、後進の指導にあたり多くの学生・僧侶らに影響を与えた。1982年、逝去。

主著は、『信仰的実存』（文明堂）、『人間像と人間学』（文栄堂）など多数。

その他、『安田理深選集』全15巻・補巻・別巻４巻（安田理深選集編纂委員会編、文栄堂）、『安田理深講義集』全６巻（相応学舎編、大法輪閣）などがある。

正信偈講義　第一巻

二〇一四年二月一九日　初版第一刷発行
二〇一八年一〇月一五日　初版第三刷発行

著　者　安田理深
編　者　相応学舎
発行者　西村明高
発行所　株式会社　法藏館
京都市下京区正面通烏丸東入
郵便番号　六〇〇-八一五三
電話　〇七五-三四三-〇〇三〇（編集）
〇七五-三四三-五六五六（営業）

装幀　山崎　登
印刷・製本　中村印刷株式会社

ISBN978-4-8318-4095-0 C3015